無形価値を身につけるには

ラウンドスペース
城島博

21世紀の競争に勝つ力

To acquire intangible economy

Hiroshi Jojima

毎日新聞出版

はじめに

世界は新たな経済社会に入った。あらゆる生活要素が変化してしまった。転換し、変化するスピードはさらに加速度を増している。先送りはさらなる負荷を人類全体に与えている。

早い着手が世界中の人類全体に求められていたが、遅れて30年が経ってしまった。構造的伝達手段の遅れ、漏らさない運営活動が国連でもなされていたのである。さらに、ＳＤＧｓ[1]、ＥＳＧ[2]等、列挙したら限りない。

しかもそれだけではない。経済構造システム自体の成長産業自体が今までとは全く異なったのである。今まで通りの工業生産や情報システム生産では成長産業の範囲に入らなくなり、減退産業は新たな方法手段、手本、スキル、人材資源をつぎ込んでも衰退は避けられなかったのである。

現在も、経済全体、世界の経済システム構造全体に負荷を掛け、負債を将来世代に回して、統制し威圧を掛けて、論理を空回りさせ、問題を外に持っていっている現象が世界中で起きている。日本はその只中にある。民主主義本来の自己責任、科学芸術が問われている。さらに、自由正義、公共協働、提言組織、前掲伝達等も実装実施を世界中から問題視されている。

そして、現在の経済はNeo Economy（ネオエコノミー）[3]見えざる資産の世界、新しい世界に入った。無形資産[4]の世界に突入した。成長の源泉が有形資産の1・5倍になってしまった。

産業革命以来、人類は技術を磨き、モノを効率よく大量につくることで経済を成長させてきた。しかし、その常識はデジタル技術の進歩と地球規模の経済の普及で滞ってしまった。富の源泉がモノではなく、形のない、見えざる資産（無形資産）に移ってしまった。

さらに経済が新たな経営経済「見えざる資産の配分」に移り、「豊かさとは何か」「幸とは何か」を問いかける、未来を探る経済に入ったのである。

エコノミーとは、経済の理財と節約であり、2層に跨っている。つまり、人としての商いの方法、手段が大変革し、生産、消費、業務等の取り扱い方が今までとは全く異なった経済になってしまった。

ヨーロッパやアメリカでは科学の歴史が長く、探求する基礎が構築されて、経験値が何度もあるので理解できるが、日本では明治より約150年の思考蓄積しかないので、理解できないのだ。日本では放置され30年が経ってしまった。重要な言葉の翻訳間違いや曖昧さが幅を利かせているようだ。日本人の認識感覚では理解できないようだ。しかし、早く理解し認識を深めなければ、新経済社会の競争では勝ちはない。大敗は許されない時代である。追随するしかない新経済社会に参入したのだ。それでも良いのかな。

忘れられた30年を取り戻す力も必要である。重荷を担ぎ、さらに未来へ進まなければ、誰も助けてくれない時代の到来である。日本人自身が持っている歴史文化を紐解き、日本人しかできない価値観を利用して、世界の最先端の先へ進むしか道はない。『和を以て貴しとなす』。皆で手段を編み出さなければならない。

デザイン思考で、成功の根源である「無形価値」、「無形資産」を40年も前から研究、提言しているラウンドテーブル、いや違った、ラウンドスペースなのだ。

無形価値◇目　次

第14章 ガバメントとガバナンスは異なる。 301

第Ⅰ部

地球星に
人類は
生きている。

地球星の中で人類は多様性生物の中で生き抜いている。さらに今世紀に入り、人工知能AIやロボット等と、人間としてどう生き残るのかを問われている。そして、人類は経済経営社会においても、未知の分野に入り込んでしまっているのに、全く新しい分野に目を向けないで、自分だけの収益のみに走っていっている輩が多い。

行動記録はあらゆる末端データに残り、蓄積される全く新しい時代である。しかも集めて検証する時間は超高速になっている。人々各自に、どう民主主義として自治を行い、生み出される便益をどう配布するかの能力が問われている。

そしてさらに、同時に資本主義市場競争においても中間所得層（一般市民）のために見えざる資産を如何に配布するかが問われている。

21世紀に入り20年が経った。このような歴史上の大転換点に立って30年が経ってしまった。30年前、ソ連と米国との軍事衝突の危機があったが、今まさに、さらに複雑なリスクが中国を含めて起ころうとしている。

国際連盟や国際連合ではなく、さらなる国際協調体制をも全世界が共存を図る試みが不可避なのである。

商いには商品を売る人と買う人の間で価格を決める手続きが存在する。商いには情報の非対称性による利益相反[5]（トレードオフ）が生じる。

また、生産には生産性を向上させる必要がある。そうしなければ、要らなくなった経費を湯水のように使い尽くすことになる。気が付かなければ哀れなものである。

そして、世界中の共通のルール作成を早くなさなければ、課題が積み重なり、戦いが発生し、多くの負債が世界中に生じることになる。もちろん、地球上の大戦は不可能になってしまった。早い対応が地球人各自に求められているのである。

第1章

世界標準を身に付けた生活をする。

世界は第4次産業革命に転換し、環境課題、経済課題、政治課題、社会課題、リスク課題、技術課題、所得課題、便益課題、価値課題等を複合的な課題として、総合的に解決する解決策を構成し、実施しなくてはならなくなっている。国際連合は持続可能な開発目標（ＳＤＧｓ）を作成し、２０３０年までに目標を達成しようとしている。17の目標と１６９のターゲット、２３２の指標としている。

世界のすべての人を取り残さずに解決しようとしているが、コミュニケーションしようとしても、いろいろな民族、多様な文化が存続している中で今までと同じ仕組みでは解決できない。しかし、世界のすべての人が参加しなければならないのが現状で、そうしなければ、紛争の種が増えてしまう。

政策提言（アドボカシー）(6)として、思考され出しているようだ。

日本は言葉を受け入れてきた国だが、英語を翻訳する場合、言葉の意味を教師が言ったままに翻訳せねばならないという習慣があり、言葉（日本語、英語、外国語）が持つ幅広い意味を取り間違えて教科書をつくっているようだ。科学は時間とともに新しい発見を見つけることだが、言葉が持つべき意味が曖昧になっている。複合的な課題の解決策を立案し、実施する政策提言をしなければならない時代だ。今般はこれからの成長の源、コミュニケーションに必要とされる言葉を使いたいものである。

① CSR（corporate social reponsibility）〈企業の社会的責任。企業は株主ばかりではなく、顧客、従業員、取引先、地域住民、その他利害関係者の収益や便益、価値の実現が求められているし、市場創造が求められ、消費者満足からの評価が求められている〉

② compliance（コンプライアンス）〈法令や社会規範を守ること。法令遵守〉

③ knowledge management（ナレッジマネジメント）〈価値創造知識は同時多重利用可能になり、他の資源と効果的に活用でき、情報資源との利活用が課題である〉

④ Value chin（バリューチェーン）〈価値連鎖〉

⑤ SCM—supply chain management〈供給活動の連鎖、川上供給業者から川下供給業者までの、運営管理〉

⑥ reengineering（リエンジニアリング）〈ビジネス・プロセスの抜本的な変革。新しいデザインエンジニアリングにより飛躍的業績向上を図る方法。市場とは離れた事業構成プロ

セス業務を再統合する〉

⑦ **value reengineering**（バリューリエンジニアリング）〈創造知識価値を生産するための抜本的ビジネス・プロセス変革〉

⑧ **taxonomy**（タクソノミー）〈生物学の用語で分類学を意味する。それは生物を共通の特徴に基づいて分類し。定義し、名付ける学問である。新しいモノゴトを認識して、その多様性を理解することができるように判断することを可能にする分類〉

⑨ **EV**—Earned Value（アーンド　バリュー）〈評価価値〉

⑩ **CS**—Consumer Satisfaction（コンシューマー　サティスファクション）〈顧客満足〉

⑪ **PM**—Product Management（プロダクト　マネジメント）〈製造革新〉

⑫ **CM**—Construction Management（コントラクション　マネジメント）〈建設革新〉

⑬ **RM**—Records Management（レコード　マネジメント）〈記録革新〉

⑭ **FM**—Facility Management（ファシリティ　マネジメント）〈管理革新〉

01
グローバルな社会に変化した。情報が世界中に一瞬のうちに広がる時代。

30年ほど前、インターネットがアメリカで開発されて普及し、日本に伝わった。それからSNSやフェイスブック等が子供たちまでが使うようになり、中東、南米、アジアやアフリカまで、誰でも使うことができるようになった。自分の好みを誰もが表現、表示できるようになったのだが、各国々でその用途が曖昧なまま放置され、社会の中で何がどのように変わり、どんな変化が表れるのか誰も気にせず、生活するようになった。

気付いて見ると、一部のアメリカの開発業者が巨大資本家と金融業界と手を握り、ICT産業と産業生産方式の変容の多国籍化により、膨大な利益を生みだし、グローバル化した他国間の税金制度の未整備をうまく使い税金回避を行い、膨大な収益を上げるようになっている。

ヨーロッパでようやくアメリカと交渉がはじまり、国連でも対応が求められている。世界がグローバル化し、つながる経済社会で一部に収益が集まり、収益優先第一主義の投資家の再認識が問われているのだが、各国の歴史文化の違いによる意思疎通は「コミュニティの課題」を噴出させ、混迷した会議になっているようだ。

人類は自分たちが生活していた土地から、移動し、新しい地域の文化風習を自分たちが育った土地地域に新しい豊かさや便益を情報として、伝えるための伝達手段として、言葉、文書、新聞、ラジオ、テレビ、パソコン、ホームページ、スマホ、SNS、フェイスブック等、新しい方法手段が開発され生活してきた。そしてまた、新たな手段方法が生み出されようとしている時代である。

人類が生まれ生活した現地から新たな地域現地に移動したことに、食物の増産、衣服や生活の仕方を生まれた地域に伝えたいという要望から伝達手段が生まれたと思われる。

交易が盛んになり、他地域に自分たちの地域の物産を物々交換するための商いが発展していった。商いには「交渉」は欠かせないものであるのは、現代も同じだ。交渉の場には現在のようなルールはなかったのである。交渉が決裂すると戦いが当たり前だった。地域独自の秩序があり、ようやく物々交換ができたのである。シルクロードのオアシスにはその痕跡が数多く残っている。

世界中に貿易が広まり、西ヨーロッパ地域から中東地域、エジプト、アフリカ地域、東ヨーロッパ地域、アジア大陸地域、南米地域、北米地域、そして東アジア地域、北極地域、南極地域までである。地球全体に広がり、太平洋諸国にも交易が広がって、どの地域も取り残されない貿易交渉がなされなければ、戦いが起こる時代である。地球は著しく狭くなったのである。

歴史は物語っている。侵略の歴史でもあったのである。現代において、国際ルールを21世紀型にする動きがまだ少ない。国際貿易交渉に今まで通りの国際法、軍事、王朝政治までも含めた交渉に突き進んでいるようである。それは解決策の作成そのものが膨大な負債を残す結果になると思われる。温暖化ガス、二酸化炭素排出問題と重なり、将来世代の存続も成り立たなくなるのではないだろうか。

02 生活する中、時間の感覚が以前とは異なって、さらに早くなっている。

文章を書く場合、原稿用紙に鉛筆や筆、ペンで書くのが当たり前で、清書し直すのが普通だとされていた。しかし、パソコンが出現すると、デジタル化が進み、大部分の人が簡単に文章化できるようになった。そして送信することも簡単になり、さらに大多数の人に同時に送信できることで時間の経過は短くなった。

今はさらにスマホになり、アプリになり、どのようなスタイルでも簡単に書けるようになっている。

映画を見る場合、劇場で、映画館で見ることが当たり前だった時代からすると、テレビになり、スマホになり、動画が無料配信され、自分の好みの動画を見放題することも可能である。感覚と時間短縮が以前とは異なってきている。さらに異次元に移動しているようだ。

生活は個々人の嗜好に任され、家族単位も以前とは大きく異なってきている。日本では戦前まで、一家郎党すべてが一軒家で暮らしていた。戦後、家族制度ができても、祖父祖母がいて夫婦が子供を数多く育てることに不満はなく、楽しく豊かだった。最近は夫婦単位が当たり前で、子供が１人、２人が当たり前となり、育児を育児園に預け、生活することが常識になっている。さらに男女同権ということで、女性が働くようになってきている。

03 自分のことだけで生活すれば、多くの損害を世界の人類全体が被る。

現代は世界中の情報が繋がる時代に入った。ちょっと大袈裟かもしれないが、２００年前までは人類が他国に渡り歩くのに何十年も掛かっていたのである。時代は大きく変化し、地球という一つの星として語らなければ、莫大な付け回しが次世代へレガシー（legacy：遺産、伝統、古い時代のもの、時代遅れのもの）となって地球に残ってしまう時代である。

ヘリテイジ（heritage：遺産、伝統、自然環境遺産、歴史的価値や文化的価値のあるもの）との二つが遺産として略される。しかし、二つには異なる意味合いを持つ。

言葉とは意味合いが異なることが多くある。日本語だけでも、漢字を取り入れても、英語でも意味合いが大きく異なることが多い。単に自分たちの国の中で、legacy を遺産として訳すると混乱が社会に残ってしまうのだ。混乱は混乱を生み、混沌とした社会常識を当たり前として放置する風潮が漂う世界になってしまうのである。そのようなことが数多く存在するのが現代だ。

地球上で起こっている現象を正確に取り残さず、整理する試みが必要な時代になった。もちろん、ＳＤＧｓが需要な課題であることには間違いない。大陸の東にある国々の人たちはさらに進めないといけない時代である。主要な大陸の人たちが造り出した民主主義、資本主義が行き詰まっている。混乱が少なかった国々の人たち、これからの産業立国の人たちが新しい創造知を発信する時代なのである。

今までに誰もが経験もしたことがない大変革の時代、誰もが「自由だ」「自由だ」と叫ぶ時代！　一人の人間の行動がレガシーになるのか、ヘリテイジになるのかの境目の時代である。未来を設定した行動が求められる時代で、今を設定した行動では行動自体が停滞どころか、後退するように感じる、それほどスピード化された時代なのである。

ＩＴ時代の始まりは米国の国防総省における核によって被爆した後の想定の元に思考された通信コンピューターターシステムだと思われる。ＩＣＴ自体、最悪の未来を設定して新しい創造知（無形資源）として、全く世の中にないシステムとして考案されたものなのである。

ＳＤＧｓとして国際連合で世界中の代表が世界中の人々を取り残さないで解決策を話し合おうとしている。利害関係者全員でコミュニケーション戦略を練り上げようとしている。17のゴール、１６９のターゲット、その進捗を２３２の指標で測るという基本構想を持っている。

世界中の人類すべてが同意して生活をしなければ、多くの負債がごく一部の資本家によって創られ、忘れられた人たちへ、解らない人たちへ回されている。

まだまだ富裕層だと認識しているガバメント（government：統治、支配）している人たちによって守られて、見える借金、見えない借金が増えている。中間層の組織の人たちも今まで通りの古いルールを守るために四苦八苦して、次世代に借金を回して、論理のはぐらかし論法を繰り返しているようだ。

04 世界中のあらゆる人々の自由が保障されている。

自由を確保するための責任を地域や国々だけが背負っていた時代は終わり、地球上のすべての人類は自由を保障されているので、地球全体で背負わなければならない時代である。

そして、誰一人取り残さないのだ。

自由は個人の勝手な行動ではない。自由を確保するには各個々人に責任がある。それで地球上のすべての人類に同時に自由な行動が行えるのだ。

そして、世界地球上の課題を解決するためには、世界中の人々のコミュニケーションが必要であり、共通の平等と共生の認識が必要である。個々人の文化、歴史、宗教だけでなく、自由を守るためには世界共通の人間としての誇りと責任、アイデンティティが必要な時代である。

20世紀の時代では国連の活動は、後進国に単なる支援として資金を配布していた。世界中の国々が、国際連合自体が資金募集やボランティアといい、後進国に資金を配布していた。また、投資した資金を先進国の金融機構に回収させていた。後進国の中で民主化は起こりづらく、内乱、権力闘争が多く存在した。そして、単に資金が配布され政権内の汚職や強権問題の増大と資源環境の汚濁化等で、緊急の課題として噴出している。

食べ物に、息をする空気に、身を守るモノに、住まう住居に化学残留物質や負債物質が溜まり、課題が山積みされているのだ。後進国扱いだけでは課題が山積みになってしまい、見えない負の債務が増えるだけである。

21世紀に入り、新たに、中国も自国に優位な交渉国として、自国優位な金融機関で自国優位に資金を配布しようとしている。お金は回るようになったみたいだが、見える負債だけでなく見えない負債は膨大なものになってしまっている。

後進国扱いされていた中国は、行わなければならない自由の課題を放置し、民主主義的資本主義として、自由を放置して経済活動を行い、膨大な収益を上げてきた。社会的貢献、社会的な収益に目を向けず、一国家の利益を優先した国家志向で21世紀の経済が成り立つと考えてしまっている。

この課題は後進国の問題ではなく、先進国、中進国でも同じ問題が世界中の国々でも起きている。日本も20世紀スタイルの資金のバラマキ体制を今でも行っている。

米国でも同じような動きをし始めている。

この狭い地球上で、自由民主主義資本主義の形が問われているのである。

自由を守る論争は経済だけではなく、軍事、政治までも含んだ理論展開が必要になっている。経済学者だけで解決策が出てきても、軍事専門家や政治家、政治学者、ＩＴ技術者を含んだだけでも解決策は不十分な時代なのであり、ブーカＶＵＣＡ時代なのである。(7)

ブーカとは、Volatility（変動性・不安定さ）、Uncertainty（不確実性・不確定さ）、Complexity（複雑性）、Ambiguity（曖昧性・不明確さ）という４つのキーワードの頭文字をとった言葉で、現代の経営環境や個人のキャリアを取り巻く状況を表現するキーワードとして使われている。

１９９０年時代のアメリカの軍事領域で用いられた言葉である。このような時代であるから、コミュニケーションの充実が求められ、言うだけではなく、行動も実証されなければならない世紀である。

日本人をＮＡＴＯ（no action talk only）と言われていることをよく耳にする。[8] 自由という言葉として、英語ではFreedomがあり、Liberty という言葉がある。

自由という意味で同じように使うと、状況によって意味が伝わらない。Freedomの自由は受動的なイメージ、与えられたのであって当然の自由という意味になる。

Free は形容詞で、状態を示し、「私は暇」、I am free と言う。I am freedom と言うと「私は自由というものだ！」になってしまう。

Liberty は能動的なイメージになる。Liberty を掴むためには争ったりしながら自ら取りにいく意味になる。

つまり、「自ら進んで勝ち取りにいく自由」の意味になる。周りと争い、自分の「自由」の権利を主張して掴み取るものなのである。アメリカ合衆国の独立の象徴である「自由の女神」の自由はLibertyである。何らかの不自由な状態から勝ち取りたてて得た「自由」のことである。

つまり、アメリカ合衆国市民では、「遠い昔、私たちの祖先は独裁者から自由を得た」[Our ancestors got liberty from the dictator a long time ago.]と言うのだ。

自由という意味には、日本人がまだまだ知りえない部分があるのではないだろうか。

世界中の民族が狭い地球で戦わず、自由を享受する時代である。日本人だけでなく、後進国の人々も、世界中の人々が自国の中の歴史文化のみを用いて、「自由」を語らず、未来を見る目で、語らなければならない時代なのである。

05 持続可能な社会をつくるためには複合的な業務を実施し、目的を果たす。

狭い地球で、まだ開拓する場所が豊富にあり、天然資源、植物、材木、石炭、石油、天然ガスが未曾有に存在しているという時代はとっくに終わっているのだが、まだ続けられると錯覚している人が多い。

科学万能で原子力開発も無制限に開発することは管理リスクが膨大になり、地球の安全が保てなくなっている。科学開発にしても、人に及ぼす領域が20世紀とは格段に広がり、他領域の専門家とのコミュニケーションが欠かせないことが理解できなくなっている。科学者自身も、領域が広くなっていることに気付いていない人が多いようだ。

資源とは人間の生活、生産活動の元となる物質と知財である。広義には人間が利用可能な全領域であり、英語のresource(9)である。

自然資源として、空気、水、土地、植物、生物、森林、石炭、石油、ガス、鉄、金、銀、銅、マグネシウム、レアメタル、自然元素、等。

人材資源として、科学、歴史、文学、宗教、哲学、文化、経済、政治、司法、行政、経営、芸術、デザイン、業務、労働、人口、活力、等。

知財資源として、知識、創造知、特許実用新案、無形資産、法順守、規範遵守、資本、技術、システム、プロセス、ノウハウ、制度、組織、等。

生活資源として、健康、食物、住まい、衣類、コミュニティ、家族、子供、子孫、豊かさ等。

21世紀に入り、第4次産業革命がなされ、人間が利用可能な領域が大きく広がった。人間が業務を行いうる関係、関連を持つ範囲がデジタル、ICT、AIで処理できるようになり、人間の行動範囲、認識範囲が格段に広がったのである。人間として一個人として、自分のアイデンティティとして想定しなければ、誰かが勝手に処理し、あらゆる格差が膨大化することが想定されるのだ。

今までのように、そのままの法では、第3次産業革命時の法では、この膨大な格差はますます広がり、遅れた適当なルール化で混乱の上に混乱を招き、収拾がつかなくなることが想定される。第3次産業革命時代の既得権者、今までの所得を守る政治家が話を混乱させ、古いシステムでの法規で判断する論理を展開し、世界中で民主主義、資本主義の混乱が起きているのだ。中国でも歴史の延長での帝国主義的資本主義が蔓延しているようだし、米国、イギリス、中東、北欧、日本等々、世界中でポピュリズムと権威主義が混ざり合っているようだ。

そしてそれだけではなく、複雑な要素VUCAも想定した対応が求められている。21

世紀を渡り歩くには、生活するには、21世紀の仕事をしなければならない。仕事をするためには、仕事がなるには、各自の業務を明確に整理・デザインし、目的を未来ビジョンと社会的使命と行動の道標と戦略的方針を必要とし、グループの一員として、共通の将来ビジョン、目的、社会的環境使命、行動の目標、戦略方針が求められ、一人の業務者として、ガバナンスをしなければならないのである。

狭い地球上で生産性を高めるには、良いコミュニケーションをしなければならない時代である。21世紀、世界中の民族、市民を取り残さないスマートな話し合いが求められているのである。

06 持続的な経済発展を行うために世界中のあらゆる人々が投資を図る。

20世紀の交渉理論において、先進国と後進国の間で、後進国に支援を行うとして、支援金を後進国に与え、後進国に対して統制的交渉を行う、風習、文化が存在する。歴史的に見ても、先進国が領有を基盤とした交渉は、アメリカでも先住民と一辺倒に行われた歴史がある。

太平洋戦争時でも、先進国間でも行われてきたのである。今でも、後進国との商取引でも、国対国の経済、金融取引でも行われている。中国にしても先進国と同じような条件で交渉しているように思われる。しかし、中国のやり方はヨーロッパのギリシャ、ローマの民主自由主義とは大きく異なる。長い歴史的隔たりが存在する。中東、アフリカ、インド洋アジアでも同じように統制的交渉が行われているようである。後進国としての話し合いでなく、平等な立場での話し合いが求められる時代である。

狭い地球での、21世紀、これから持続的な成長にはあらゆる人、あらゆる国々の人たちをも取り残さないことでしか、成長が求められないのである。一個人としての責任は後進国の人も同じで、後進国だから、「免除、支援をくれ」では話が収まらない、グローバルに乗り越えなければならなくなった21世紀なのである。

アメリカ合衆国でさえ、アメリカ先住民を虐殺占領した歴史を有する。コロンブスでさえ、インディアン諸部族を数年にわたり虐殺し人口を激減させた。１６３０年代に入り、イギリスが入植をはじめた。その頃のインディアンは少数部族で、アフリカのような酋長が支配する首長制の部族社会ではなかったが、一方的な理論で侵略された。インディアンの社会は合議制の完全民主主義の社会であり、王や首長のような権力者はいなかったのである。

人と動物すら明確に区分されず、すべてが平等に共有され、土地さえも所有は許されなかった文化を所有する部族だったのである。その中での交渉をしてきたのであるが、ヨーロッパ民族間の戦いに翻弄され、戦争に負け、居留地に収容された。西部劇に出てくるアパッチ族のジェロニモも酋長ではなく、一介の住民、人として戦ったのであるが、負けると一方的な対応を負わせられたのである。

21世紀、これからの国際交渉においても、同じような要因はまだまだ存在する。

後進国の人たちも自分たちで自分たちのために交渉し、行動しなければ、誰もやってくれないと認識しなければ、格差は広がるし、解決策がつくり上げられても、その再構築には膨大な時間と費用が重なる。先進国も一方的な自国論を展開し、前世紀以来の古い価値観を持ち出すことをやめ、話し合いを先へ進める責任があると思える。

それが21世紀の新たな世紀、ＤＸ（デジタルトランスフォーメーション）[10]なのである。単なる改革ではなく、技術、プロセスによる破壊的な変革で、既存の価値観や枠組みを根底から崩し、新たな課題をも解決するイノベーションを生み出さなければならない時代である。人々が交渉、話し合いを行う場合、何がしかのルールが必要である。

ルールは何がしかの参考になる見本、手本を探すのか、自らつくり上げるのかでも大きな違いが出てくる。

インド太平洋地域では、①に法、法律、規範、②に統制、統治、③に順守、遵守という言葉が漢字で示されている。

日本の江戸時代後期、明治の時代から使用されつくられた漢字かもしれない言葉、日本語での概念である。日本語の意味で、自らつくった規範にしても、それを守る、順守（法に従って逆らわない。まね、後に従うという意味）と、遵守（道理、法則にしたがい、ひきいる、という意味）言葉が存在する。西欧的なスペイン語、ポルトガル語、オランダ語、英語、フランス語、ドイツ語、アメリカ語ではなく、曲がりなりにも日本語の言葉、概念を再考にすることが求められているのではないだろうか。

後進国、アフリカ諸国、中近東諸国、東欧諸国、インド太平洋諸国、中南米諸国、諸少数民族の方々にも、問われていると思われる。

21世紀は世界中の人々を一人も取り残さないコミュニケーションが必要となる社会である。前世紀的な意識では課題は解決しないことが明白になっている世紀である。まだ多くの既得権者がそのことを解っていても、行動を起こさない、世紀末的行動をとっているのである。自由民主主義、資本主義の存続が問われているのに、興味を示さない、遅れた人たちが多いようだ。しかし、行動を示す動きは世界中で始まっているのである。

狭い地球で持続可能な成長を実施するには、どの組織、どの国にも、ガバナンスが必要だ。

新興国だから、まだガバナンスがなされていなくても、一人前に、一国として扱ってくれでは21世紀は成り立たない。

第 2 章

地球規模の自然環境の中で暮らす。

自然環境の中で暮らす豊かさは話して解る問題ではない。感覚、経験、味覚、臭覚、風習等、祖母から受け継ぐ「モノコト」である。自分がまだ物事の何たるかに気づかぬ頃の時代に味わった匂い、味。自分自身で採ったものが感覚的に身に染み渡っている自然の香り、水の流れの藻の香り、水の流れによる空気の清浄さ、小川の流れの水の音。私がまだ、子供として意識がない頃は飲み水の道、今で言う浄水路があり、川端の池、今で言う洗い場であり、お風呂の水だった。そして、田んぼの用水路、今で言う下水路であった。生活そのものが自然の中で暮らしていたのである。

その頃はもちろん、水に化学物質などは何も使われていない。川端の池には各家々に鯉が飼われていて、食の残存物をエサにしていた。そして、排便は馬小屋の横に置かれ、貴重な肥料として、高く売られていた。日本の生活そのものが豊かな自然の恵みの中にあったのである。また、川の流れは高地から低地へ流れる。高地の地域の田んぼにも潤沢に水を回し、低地の田んぼにも潤沢に水を回し、水田の実りを如何に大きくするかは地域、地域の協力なくして成り立たなかった。

豊かなコミュニティ世界が日本には存在していたのである。

その話し合いの場が村の鎮守さんであり、豊作の祭りだった。戦後すぐはまだ化学肥料を使わず、自然の水で、自然の糞で稲作を行っていたのである。

春の初めに各家々の田んぼを堰き止め、川の生き物、フナ、ナマズ、カエル、エビ、カニ、ミミズを川の水と一緒に取り入れていた。自然資源そのものである。

近代化ということで、川の水を汚染していったのは、朝鮮戦争が始まり、米軍基地がガソリン燃料タンクの清掃をし始めて、汚濁化し、日本は工業化、近代化と言って、大量生産、大量消費時代を邁進。21世紀に入り、ＤＸ時代なのに、まだ前世紀の繁栄に酔いしれている日本である。

大きな大戦に遭わなければ、変革できない民族なのであろうか。問われて久しい。

01 地球規模の温暖化現象。

2020年2月10日、名古屋で初雪が観測された。平年より52日も遅く、統計開始以来最も遅い観測であった。

日本の気象庁によると、温度計が使われるようになった1850年以来の記録からは、世界の平均気温の上昇傾向は明らかである。

水温上昇に伴う海水の膨張や氷床や氷河が融けて海に流れ込むことによって起きる世界平均の海面水位は上昇している。1901年から2010年までに19センチ上昇したと見積もられている。北半球の積層面積や北極海の海氷面積も減っている。温室効果ガスには二酸化炭素、メタン、一酸化二窒素、フロンガスがあり、二酸化炭素が地球温暖化に及ぼす影響が最も大きな「温室効果ガス」である。石炭、石油、セメントの生産により大量の二酸化炭素が大気中に放出され、また森林の減少が二酸化炭素の吸収を妨げている。

温暖化現象には、地域と地域で片付く問題ではなく、国と国との課題だけでもなく、国際的な問題だけでなく、地球星として、早く解決策を策定し、効果的に実施するための多くの課題が横たわっている。しかし、日本では大部分の人々が、まだまだ大丈夫、後からでも十分に対処できると信じて、これまでの利益、これまでの収入を減らす話には乗らないという人が多い。現在の話で済む問題ではなく、子供たち、孫たちの世代が負荷を担う課題である。長期的経済会計が問題視されているのである。

日本には考えようとしないシンドロームが存在する。そして、世界では帝国資本主義と国家資本主義の戦いが始まって、曲がったデモクラシー(11)のポピュリズム(12)と、後戻りした強権キャピタリズムが混乱しているのだが、長期的視野に立つ経験が少ない日本では無理なのであろうか。

日本には「日出る国」としての長い歴史があるではないか、

なぜ、転換できないのだろうか。先人たちの悩みが湧いてくる。先人たちの長期政権に対する提言の難しさ、新政権に対する従順さと、新規提案を曖昧にしてしまう風潮がある。

しかし、日本には多くの諸先輩たちのご苦労を垣間見ることは十分に存在する。

欧米ではカーボンネガティブの宣言をしている企業、専門家集団は存在し、大多数はCO_2の増大化による温暖化、気候変動は間違いないと認めている。また、CO_2削減と長期的継続を使命としているのである。投資家も温暖化問題を扱わない運用会社には資金を委託しないことを当然としている。欧州連合はCO_2削減に、欧州グリーンディール計画を実施し、炭素税をも実施されるようだ。欧米人には理念が存在するが、日本人には理念よりも実利を重んじる傾向がある。三方良しでは少な過ぎる。四方八方に便益を振りまかなければ、間に合わないことに気付かない風潮がある。

儒教的な文化風習の歴史も存在するが、それを打ち破った歴史も存在するのだ。長い日本人の歴史、縄文時代からの歴史を自分の理念で見なければならないのかもしれない。

02 地球規模で食べ物を無駄なくつくり、食べ、生活する。

食べ物は地球生物、人間としては最重要なものである。長い人間の歴史を紐解くと戦いの原因であるかのように思える。

食べ物を単に商品として、大量に生産し、大量に消費し、金儲けをする経済社会では大量のムダが発生しているのだ。そして、地球温暖化の原因にもなっている。食料を大量に輸送して、貿易収支を上げて、売り上げを計上し、繁栄しているように見えているようだが、世界経済は大きく傾き、20世紀と同じような経済成長はない。課題が山積している。

食べ物を見てみると、食品ロス、廃棄ロスと言われるモノ。

①世界では3分の1以上の食べ物が廃棄されている。

②世界で1年間に廃棄される食品の価格は1兆ドル、重量で13億トンである。

③アメリカ、イギリス、ヨーロッパで廃棄される食料の4分の1があれば、世界中の飢餓に苦しむ10億人に近い人々に供給できる。

④廃棄される食品を栽培するために膨大な土地を使用している。

⑤世界の重要な水の25%を廃棄される食物に使用されている。

⑥ほとんどの先進国では半分以上が家庭から廃棄物として出ている。

⑦小さな小売店からは食品廃棄物は2％しか出ていない。

地球上の人口が今後23億人増えるとしたら世界で60％から70％の食糧増加を必要とする。無駄を引き起こし、利益を上げている症候群はどうすればよいだろうか。

ムダは食料の輸送に及び、13億トンを運ぶ燃料代は何に使われ、ＣＯ$_2$の排出を増大化していることになり、無駄の算出は誰がすべきだろうか。

食べ物は地域でも異なり、気候でも異なり、民族文化でも異なる。また、自然災害やウイルスや細菌、害虫でも作物の出来栄えは異なる。食べ方は千差万別である。食べ物は健康にとっても重要な要素で、人類の中で、健康を維持する薬草、根菜類は長い年月により引き継がれてきた。中世において、魔女狩りが行われ、治世者に反する者として粛清された歴史が存在するが、最近は医学、科学と言って自然作物を排除する動きが大きいと思われる。自然に戻す、資源環境を地球単位で再考すべき時代がきているのだ。ムダは人類にとって何もならないモノである。

２０２０年は資源環境の中で、コロナウイルスからスタートした。人間は生物として生活する。細菌やウイルスが他生物から発生し、人間生物に伝搬する仕組みが存在する。人間生物も腸内細菌を腸内に持っている生物として生存してきた動物である。

人間の体に様々な細菌やウイルスが侵入してくる。そして食べ物として入ってくる細菌に対して人間の腸ではこれらの細菌と戦う免疫機能が備わっている。免疫に関する細胞の6割以上が腸に存在する。人間の健康を保つには免疫力のアップがカギとなっている。そのためにに腸内細菌のバランスを保つことが大切だ。腸内には善玉菌2割、悪玉菌1割、日和見菌7割だそうだ。健康な人間の体には数百以上の種類、１００兆個が一生物体に存在するのである。

長い生物としての人間の歴史の中で、乳酸菌、ビフィズス菌、ヨーグルト、納豆、チーズ、漬物、泡酒、味噌、醤油、その他のものを継続して食生活に取り入れてきた。そして、人間として排泄物を出してきた。人間は長い歴史の中で、排泄物を利用してきた歴史、文化が存在するのである。生存生物としての人間、これからの豊かな生活を未来志向するとして、生活と排泄物。便、糞、排泄物であり、個体物と水体物があり、伝染病としての病原体を排出してきた歴史も存在する。しかし、長い人間生物としての歴史の中で、肥料、飼料として使用されてきたのである。

人間は細菌、ウイルスとの生命体同士としての戦いが起こることは当たり前なのである。どう対処するかを戦略的に長期ビジョンの基に実施せず、放置して、そして、全地球的対策を全人類で行われなければ、何になるのだろうか。

03 水資源として、山、谷、川、台地、海を捉える。

人間として、生きる者としてまず、必要なものは生活用水である。地球上にある水の97％は海水であり、残りの3％が淡水である。淡水の70％は極地の氷山であり、氷河である。

実用可能な淡水は河川、湖、地下水などで、1％である。また、水は他の生物、動物にとっても不可欠なものであり、生態系においても、最重要項目である。

人間が1日に摂取する水量は2～3リットルで、生活するために洗濯、炊事、お風呂の生活用の水が約人間一人当たり20リットルらしい。東京都の一人当たりの水消費量は250リットルを超えているようだ。

これからの都市インフラ整備に自国、地域だけの問題で方は付かないのである。古来より人間は水の確保のために数多い工夫を行い、繁栄を謳歌してきた。しかし、地球がこれからの地球規模のインフラ整備を行う世紀に入ったなら、全世界の汚泥水域、乾燥水域の生活を放置できない。

人間が生物として植物を栽培しだして何年になるのだろうか。低湿地に生る植物を栽培し、次第に畑をつくり出し、穀物を栽培し、田畑をつくる文化を世界中で発展させてきた。しかし、近代化ということでダム建設や沿岸工事をコンクリート化することによる歪み(ひずみ)は深刻である。河川の上流域での水使用と下流域での水使用の歪みが生活の隅々に問題を噴出させている。一国の問題でも解決できず、多国間の問題ともなっている。

水は酒や飲料、氷などの原材料となっている。また、製品づくりの洗浄にも使われ、あらゆる産業で水が用いられている。河川水、水道水、地下水が使用されている。工場だけではなくあらゆる産業で地盤沈下が発生し、排水や廃棄物による水質汚濁等の公害が世界中で数多く生まれている。

これらの問題には先進国でも多くの課題が残されているが、貿易の自由化で発展途上国、後進国でも、工場移転がなされ、課題が山ほど産出している。

そして、このまま途上国が今までと同じような先進国の近代化のみで、インフラ工事を行えば、先進国の課題を途上国に回してしまうことになる。

先進国の課題は途上国のリーダーでもわからないことが多い。つまり、その地域での生活を体験してみなければ理解できないことが当たり前である。単に猿真似では課題を残してしまうことになる。長い歴史が語っている。

水は昔から山の森林を潤し、山脈に水を溜め、平地へ水を潤沢に流していた。石炭や石油が利用されるまで森林は貴重な燃料資源であり、食料供給地であった。世界中で生活のために、伐採、狩猟、採集が潤沢に行われてきた。

しかし、工業化の下に宅地造成、道路建設、食糧増加のため、焼き畑農地化、牧畜化が進んだ。現在ではそのまま近代化が進み、森林破壊がさらに進んで、土壌の流出が回復困難な状態をつくっている。山崩れ、水害、災害、動植物の絶滅の恐れも顕在化している。

水は上流域の魚類、藻類、植物類の水生生物の源である。川魚は上流域で排卵する魚が多い。稚魚の食料は藻や昆虫で、上流の生態系を維持しなければ川魚が死滅する。上流にはカニ、エビ、カエル等が数多く存在し、イワナ、ウグイ、フナ、ヤマメ、アユ、コイ、オイカワ、ハゼ、ドジョウ、ナマズ、ボラ、ウナギ等がおり、戦後しばらくはどの河川にも存在した。川には中流域、下流域が存在し、海の生物も川を遡上することもある。

川にはまた、鳥たちが季節ごとに飛んできて、生活し、餌として川虫、川魚を取っていた。山林部分の豊富な落ち葉や生物の栄養素が海に流れ着き、海の生物の栄養素となり、微生物、小魚、大魚、爬虫類、動物が食する循環がなされていた。これらを採取して食用とする生物は古代から存在した。日本でも多くの貝塚が発見されている。水産物、生物は自然環境の中で豊かな生存競争を行い、自然環境として生命体を増やしてきた。

人間だけ、人類だけの言い分、小企業（漁業）、大企業、既得権者等が食の追求から、乱獲や河川や海洋の埋め立て、ダム、堤防の建設を行った。工場による廃棄物の垂れ流しは水銀、ダイオキシン等の有害物質により魚介類へ影響を与えた。私の子供の頃の記憶によると、海河川の汚濁が始まったのは戦後、朝鮮戦争が始まり、進駐軍の爆撃機のガソリン廃棄物の垂れ流しからではないだろうか。

現在、海洋汚染、水質汚染はさらに進み、あらゆる問題（毒素、化学物質が垂れ流しされ生態系を破壊している）が世界中の緊急の課題として解決することが待たれる。水を資源として捉え、他の資源とともに、どのように配分し、何を生産するかは経済体制により異なり、各国や時代によって、目的、目標、戦略が異なり、自然資源の配分や自然資源による収益の配分は国々よる利害対立も出てきている。国々だけでなく、産業間、企業間の中でも所有権、採掘権、既得権等で対立していることが現状であるが、いかに総合して話し合うかが問われているのだ。

04 開発し終わった地域とこれから開発する人々と平等に考える。

開発し終わった地域とは先進国の大都市、ロンドン、パリ、アムステルダム、ローマ、ニューヨーク、サンフランシスコ、シカゴである。都市ができて、２００年から２０００年を経過した都市とアフリカ、中東諸国、アジア諸国、南米諸国の地域都市の住民との話し合い、コミュニケーションをいかに平等、対等に行うかが問われている。

ヨーロッパの都市は王朝帝国として、都市計画がなされてきた歴史がある。歴史の中で、農業産業革命、工業産業革命、情報産業革命、第４次産業革命が起こってきた。アフリカ、ＡＳＥＡＮ⑬、南米では今から産業革命が起こる国々が多い。

・第１次産業革命

ヨーロッパとアメリカで18世紀から19世紀に渡って起きた農耕・地方都市社会に起こった工業化・都市化による革命である。鉄・繊維工業が蒸気機関を発展させて、工場の機械導入が行われた。

・第２次産業革命

１８７０年から第１次世界大戦前の１９１４年までに起きた既存の産業成長に加え、鉄鋼、石油、電気などの新たな産業が核出した。そして、電力を使い大量生産が行われた。電話機、電球、蓄音機、内燃機関が技術的発展を遂げ、広範なエネルギー利活用のためのインフラが成り立った。

・第3次産業革命

1980年代から始まり、現在も進行中であるデジタル革命で、アナログとデジタル技術の進歩を示しているパーソナルコンピューター、インターネット、ICT等である。技術革新は人間の知的作業の効率化を実現した。これは知的作業の大幅な高速化に寄与した。しかし、これはアナログ的道具の置き換えでしかなかった。

そして、人間がルールベースでコーディングを行った革命である。

・第4次産業革命

2010年代、情報技術が発展し安価になってきた。そして全世界で技術開発競争が繰り広げられた。Webでソフトウエアが多数開発され、誰でも簡単にソフトウエアを利用できるようになり、開発にも参加できるようになった。人工知能までも含まれるようになった。

技術が社会内や肉体内に入るようになった。ロボット工学、AI、ブロックチェーン、ナノテクノロジー、バイオテクノロジー、量子コンピューター、生物工学、IoT、3D

プリンター、自動運転、仮想現実、拡張現実、複合現実等、多岐にわたる分野の新興技術革新がある。

これから２０３０年には人類の進化が問われるステージである。人間の定義すら覆る時代である。

世界経済フォーラムの創設者、兼会長のクラスス・シュワブ教授は新しい産業技術は数十億人のＷｅｂを繋げ続け、事業と組織の効率性を劇的に改善し、より良い資産管理を行い、自然環境の再生に役立つ大きな可能性を秘めていると言っている。

２０１６年のダボス会議で、「第４次産業革命の理解」として話している。

地域対地域で、時代文化の隔たり、産業技術の隔たりがこれほど多い時代は他にない。しかし、これからの時代の開発スピードと今までの時代の時間、年月とはまるっきり違う。１０００年かかっていた計算、世界最大のスパコンでは１秒間に９・３京回計算するそうだ。時代が大転換した。Disruption[14] したのである。そんな時点での、一人の人間として取り残さない、一人の人間としての責任が問われているのだ。

SNS、ICT等コミュニケーション手段は大きく進歩しているが、コミュニケーションツールの使い方は「ザックバラン」である。エコーチェンバー現象（echo chamber）(15)が起きたり、ポピュリズムが満開である。コミュニティが侵され、まだルール化されないで、「フラフラ」している状態のようだ。ルールをつくる前に新たな技術が開発され、ルール化、人間と技術の関わり合いを論議する手段がまだ未熟のようだ。古びた手法、悪手とは決別する意思が必要な時代である。

そんな中、会話、コミュニケーションを深めていくことが求められる。もちろん技術革新、イノベーションが重要だが、技術経済社会の課題だけでなく、個々人の意思（考え、法規上の思い）と意志（成し遂げようとする心）を構築するかも必要な時点である。

05 廃棄物処理を地球規模で、あらゆる人々が公平に行う

今世紀になり頻繁に行われている貿易として、先進国で生産され、先進国の生活に使用されたプラステック製品のゴミを発展途上国に輸出し、ゴミ処理として発展途上国が陸地や海の埋め立てに使用して貿易高を上げている。発展途上国は貿易をして収益を上げ国民の利益になっているように見えるが、利益は一部の資本家、既得権者、経営者に流れ、将来世代に負債が回されている。先進国は廃棄物処理として、ゴミを後進国に回し、詳細な処理、これからも分類される未処分のゴミ処理を、現在の価値価格で処理しようとしている。

これでは公正さ、公平さに欠ける。このようなことが世界中で、世界中の国々の法規として、国際連合として許されることであろうか。疑わしいことが数多く存在する。

廃棄物とはゴミ、汚泥、糞尿、廃油、廃酸、廃アルカリ等、産業廃棄物、一般生活廃棄物とに分けられる。また、ＰＭ２・５大気中の残留物も廃棄物として扱わなければならない。ゴミ問題も、地球規模で、先進国、途上国間で10年先を話し合う時代である。

19世紀後半、日本が後進国として資本主義、産業技術改革を行い、生産物を商品として販売し、資本を蓄積してきた歴史がある。商品は、生産すればゴミ、廃棄物が必ず発生するものである。後進国として成長してきた歴史の中で、後進国としての成長の過程で、ゴミ処理を、将来世代を、見つめて行ってきたのだろうか。

20世紀末、歴史的処理記録、対策、解決策を日本はどうやっていくのかを問われた。しかし今は、どうしてきたのかを世界中から見られている。中途半端に先進国のマネをして、将来世代を顧みず、現在の国の利益に邁進している後進国だと言いたいのだろうか。先進国、後進国、世界中の人々から問われているのだ。問われて30年が経ってしまった。解決策を出さず、「マネをしたい」論法を繰り返しては世界中が困り果てている。

日本は1800年代後半から近代化を行って、製品生産を行ってきたが、自己処理か民間のゴミ処理業者がゴミ処理を行い、空き地や路傍に投棄され、不衛生な状態で堆積され、様々な伝染病が、ハエ、蚊、ネズミの繁殖場所となっていった。まだ焼却炉はなく、野焼きが行われていた。国、地方自治体、町村での義務化はままならないものであった。

今、後進国、発展途上国で発生している現象である。新しい病原菌、ウイルスの問題は世界中の課題だ。今や世界中の商品や部品や旅行者が行き交う時代である。

日本は高度成長期に大量生産、大量消費型の経済構造が進展し、都市ゴミ、工場ゴミが急速に増加し、多様化した経験がある。活発な生産活動では、製造工程中に排出される、汚泥、合成樹脂のくず、廃油等処理されないで廃棄された。戦後、朝鮮戦争による空軍機の廃油の清掃は工業時代の象徴としてその地域を一変した。人口が都市化し建築廃材が増大し、工場から吐き出されるゴミは空き地、道路、河川に不法に投棄された。

急激な工業化は、工場などから排出される、有害物質、有機水銀、カドミウム等の公害を引き起こした。周辺住民に健康被害をもたらした。また、プラスチック製品が多く普及し、焼却炉で焼却して、ばいじん、酸性ガス等を排出し、大気汚染をもたらした。水俣病、イタイイタイ病等の公害問題を繰り広げた経験がある。後進国、発展途上国、先進国としての経験があるのである。いかにその中に入り話し合いを進めるかは、他の国にはできないのではないだろうか。

第3章

大災害に
すべての人々が
対処する。

人は「災害だからしかたがない。自然災害だから、自然には逆らえない」と考えてしまいがちである。しかしそうではない。どのような災害であろうと情報は処理できる。危害が自分に及ぶ場合、自分で判断できる時代にきていると思われる。

その場合、自ら判断をする意識を持たなければならないし、子供の時代に体得し、学ばなければならない。そうしないと、災害は①に他者依頼、つまり、誰かに任せているのだから、依頼者に任せてしまっているという思考になってしまう。②に思考停止、つまり、10年後か100年後に起こるかわらないものを悩むよりか、楽しいことをして忘れてしまっている方が良いになってしまう。少年少女時代に災害時には、自らどう判断するかを自ら学び、どのように教育するかは両親が行わなければならない。もちろん学校でも教育はなされるのだが。

災害には多くの種類がある。緊急事態、非常事態等、政府、行政が関わる場合も設定できる。災害には、①自然災害では気象災害、地震、火山噴火があり、②人的災害では、交通事故、航空機事故、大火災、爆発、化学物質汚染、原子力事故、テロ、戦争が想定される。複雑だから、広範囲だからできないでは「まかり通らない」時代では、情報処理が進み、十分に判断できると思われる。そのようなスキルを身につける時代である。他人まかせ思考が社会全体に蔓延しているようだ。民主主義自体そのものが問い直されて、再構築が待たれている。

多くの人々が、「自然災害は自然がもたらしたものだから、人間では解決できない問題だ」と考える。だから支援金をもらう習慣が存在する。大災害だから多くの金額を配布しよう。現在の民主主義政治体制だから支援しよう。しかし、自然災害だからと対処できないことはなく、事前にリスク管理ができる時代である。経営組織を確立することが当たり前になっているのが世界の常識だ。

世界にはその国々の長い歴史があり、その中で、民主主義の司法、立法、行政の三権が分離して運営管理されている。しかし、その発展段階は世界各国、千差万別だが、経済的に災害を処理する20世紀的なシステムを各国がバラバラに処理していてはオネダリ文化を将来にわたり、育むことになってしまう。後進国は先進国にいかに多くの支援を獲得するかが国政の問題になってしまう。地方行政、企業、家庭、個人でも同じ現象が起きていないだろうかも問われる時代である。

自然災害を減らす対策を具体的にどう施行するかがこれからの時代の課題である。自然的な現象だからどうしようもない論理では自然災害は増加するし、災害復旧にかかる費用は莫大なものになり、世界中の将来世代に回されることになってしまうのである。自然災害とは暴風、竜巻、豪雨、豪雪、洪水、崖崩れ、地滑り、土石流、高潮、地震、津波、火山噴火、干ばつ等がある。

01 近代化による洪水。

20世紀の工業化による近代化は様々な課題を残しつつ、世界中を経済成長させてきた。そして、中国のような国家資本主義やアメリカのような大富豪資本主義を放置して、世界を混迷した資本主義にしてきた。近代化という前世紀の資本主義は多くの課題を残してきた。多くの解決策を同時に、10年後を設定して実施しなければならない。そのような人材を育成する責任があるのだ。

近代化という言葉として、前世紀の負の資産をいかに、効率的に削減するかも問われている。

現在、近代化という言葉の綾、そのような時代の洪水、自然災害、河川の氾濫をいかに少なくするかが問われている。

近代化として、都市づくりがなされて、コンクリート化した高層住宅、住宅、プレハブ住宅がつくられた。また、アスファルト、コンクリート化した道路、コンクリート化した河川や上下水道が大都市部、小都市、街、村にも出来上がった。西洋化に追い付いたと未だに、市民、住民は近代化の美名で喜んでいるようである。日本の市民は満足しているようだが、世界中の人々からその評価は極限に下がっている。国連のとある会合で、日本は化石賞なるモノをいただいたそうだ。日本には何故だと問う学者、企業家、政治家が少ない。市民が好まないので、マスコミも取り上げない現象が起きている。

日本は島国で長い列島から成り立っている。現代の地図と古代の地図、奈良、平安、鎌倉、室町、戦国、江戸の地図。そして、明治、大正、戦前、戦後の地図とは時代により大きく異なる。例えば河川の位置。流れは大きく異なり、古代になればなるだけ、河川は上流域まで海が入り込み、白砂の砂浜が広く存在していた。

中世になり、農業地としての干拓、治水がなされた。そして、近世、近代化のもとにコンクリート化した河川を単急につくり上げてきた歴史がある。河川底には上流の砂が堆積し、川底は次第に、時代とともに高くなっている。東京であれ、大阪であれ、名古屋であれ、福岡であれ、どこであれ、その砂地の上に建物を建設し、超高層住宅を近代化の基に建ててきたのである。

21世紀に入り、第4次産業革命が、経済革命と同時に起こり、社会価値創出、経済価値創出が併用して、世界的な戦略として、どう取り組むかが問われている。そんな時、世界中で異常気象が頻繁に起きている。気温が20度を超えた南極。熱波による山火事の南米。そして、豪雨による河川の氾濫が多い日本。洪水を単なる自然災害と捉えずに21型として、全く新しい都市村づくりに取り掛かる転機にきている。

2019年、8月、九州北部豪雨、9月、台風15号による関東地域豪雨、台風19号による関東から東北地域豪雨。

２０１８年、８月、台風21号はアジア名チュービーと命名され、フィリピンではメイメイと命名され、９月に徳島、神戸、若狭湾へ移動。近畿、東海、北陸、北海道で豪雨、高潮被害。１９５０年のジェーン台風や第2室戸台風とよく似た進路をとる。

２０１７年、７月、九州北部豪雨、９月台風18号南西諸島、西日本、北海道大雨。10月、台風21号西日本、東日本、東北地方大雨。

２０１６年、８月、台風7号、台風10号、台風11号及び前線による大雨。

２０１５年、６月、台風9号、台風11号、台風12号九州南部、奄美地方大雨。９月、台風18号、関東、東北で大雨等々。

毎年、台風、豪雨、大雨がない年はないのが日本で、記録的に巨大化しているようだ。

地震や火山噴火を表記しない洪水である。世界的に見ても、毎年どこかで、洪水、豪雨被害は存在する。洪水を想定しない都市村づくりは21世紀の産業ではないのだ。

02 近代化と火山噴火、地震。

20世紀は多くのアジア、中東の国々が近代化として西洋的都市化を推し進めてきた歴史がある。21世紀に入り、同じような都市づくりでいいのだろうか。第4次産業革命が起ったのである。第3次産業革命では問題が多すぎる。座礁資産が増えすぎるのである。課題を整理して全体を漏らさず解決策を素早く実施しなければならない世紀へ参入したのだ。

最近の世界的に見た大災害の内の火山噴火と地震は、次の通りである。

２０１９年12月、ニュージーランド、観光地で噴火
２０１８年９月、インドネシア、地震&津波
２０１７年９月、メキシコ、地震
２０１５年４月、ネパール、地震
２０１２年４月、インドネシア、スマトラ島沖地震

２０１１年10月、トルコ、地震
２０１１年６月、チリ、プジェウエ火山噴火
２０１１年３月、日本、東北太平洋地震&津波。３・11
２０１１年２月、ニュージーランド、カンタベリー地震
２０１０年２月、チリ、地震
２０１０年４月、アイスランド、火山噴火
２０１０年１月、ハイチ、地震
２００９年４月、イタリア、地震
２００８年５月、中国、四川地震
２００４年12月、インドネシア、スマトラ島沖地震&津波
２００３年12月、イラン、地震
２００１年１月、インド、インド西部地震
１９９９年９月、台湾、地震
１９９５年１月、日本、兵庫県南部地震、阪神淡路大地震

近年の世界的な噴火、地震の災害年表である。日本の国民はご承知のように、日本で起こった地震の大災害はどれだけ大きな危害、損害を被ったかを知っているが、記憶にあまり残らず、忘れかけているのではないだろうか。しかし、すべての人々が対処をどうするかを問わないのでよいのだろうか。

世界中で気候変動が起こっている。日本だけの問題では解決できない。気候変動は南半球でも起こっている。北半球での実証だけではわからない事項も出てくるし、宇宙からの変化も想定しなければならない。南半球での火山、地震は北半球と同じように発生しているが、南半球のオーストラリアで森林火災が発生して半年以上燃え続けている。大規模化し、CO_2を吸収する森林の消滅ははなはだしい。この原因は「ダイポールモード現象」と言われている。

異常気象はインド洋熱帯域の海の水温度差によって引き起こされる。インド洋西部の海水温度が上昇することによって発生し、東からの貿易風の変化から始まって、海面が西側に吹き寄せられて、東アフリカで豪雨になって大被害を発生し、大量のバッタも発生させ、農作物を食い荒らし、食糧危機を起こしている。そして、インドでの工業化による二酸化炭素の発生は、北半球の偏西風に影響を及ぼし、高気圧が高まり、晴天続きがインドネシアに、オーストラリアに発生し、熱風が発生し、ダイポールモード現象が強まっている。

災害は何が原因で、何と何が関係し、自然災害か人為的な災害か明確に識別できないくらい複雑になっている。しかし、これからさらに地球上で複雑さが増すだろう。放置すればするだけ、地球上の住民は関連して被害、大災害を被ることになるのだ。

アフリカでも他地域での自然災害が循環して、バッタが膨大に発生して食糧危機、飢餓が発生してしまっている。後進国としても飢餓状態にしないことが求められている。

自然災害だから仕方がないでは片付かない課題である。[16]

また、生活者としての女性に対しても、ジェンダーとしての平等、環境、人権、民族として、災害にどう対処するかが問われている時代である。

03 近代化と海洋津波。

日本では日本書紀に、684年11月26日白鳳地震（南海トラフ巨大地震）、土佐で津波による運搬船が流失したという日本最古の地震記録が存在する。記録されているものでも、頻繁に日本を襲っていることが理解できる。最近起こった大震災、津波、2011年3月11日、東日本大震災でも、死者1万5894人、行方不明者2561人、負傷者6152人。原子力発電所にも津波は襲い、明治から昭和へかけてつくられた、防波堤、防湖提を軒並み上回って決壊した。太平洋沿岸を中心に甚大な被害が発生した。沖で発生した津波は世界各地の沿岸を襲う遠隔地津波になった。

日本には遠隔地津波としての記録に1730年（享保15年）、1751年（宝暦元年）、1837年（天保8年）、1868年（明治元年）、1877年（明治10年）の記録が存在する。

世界中の海で発生する海洋津波はいつでも起こる可能性が地球上には存在するのである。海には生物が存在する。国際連合では、２０１０年10月４日海洋生物の多様性と生態を解明する国際プロジェクト「海洋生物のセンサス」ＣｏＭＬ[17]が、10年間の調査を終えた。世界80か国、２７００人の科学者が参加したプロジェクトである。未知のものを含めた生物が合計では１００万種を超えることが推定された。微生物は約10億種だとされた。我々人類はまだまだ知らないことが多いと知らされた。

国際連合では「世界海洋デー」が存在する。毎年6月8日に開かれ、海洋が社会に与える影響について話し合う日である。

①地球の気候の調整。
②不可欠なエコシステムの供給。
③持続可能な暮らしとレクレーションができる許容量。
④漁業、海洋開発、外来種の侵攻、海洋汚染、陸地からの流出物の被害等。
⑤海洋での犯罪活動、海賊行為、強盗。麻薬の密輸等。

海洋資源を管理し個人と団体の責任を明確に、人類の幸福と経済的安全を維持する活動である。

　この地球は海洋で繋がっている。災害が起これば何であれ、他地域、他国へ影響を与える。海洋にはまだ人間が知らない微生物が約1億種存在すると言われている。海洋には生物として数多くの水生植物や昆虫、魚類も存在する。海洋は陸地の川とも繋がっている。日本では戦後、川に泳ぐ魚の種類が極限に少なくなっている。後進国もこれから急速な生物の減少が起こるだろう。数多くの課題が繋がっている。自国、自分の住んでいる地域だけの課題だけで、解決策を練ってはいけない時代なのである。

　日本は、我々の子供の時代、ウナギは毎年川を遡上していた。コイ、アユ、ハヤ等が遡上する川は、食料として獲っても魚が少なくなることはなかった。認識できる魚類で数十種は存在した。知らないうちに時代が急激な発展を遂げた。第2次産業革命であろうか？

　工業化、機械化、化学化で魚類は極限0にまでなったのである。認識できる魚類は0種になった。最近、1、2種がかろうじて存在するようだ。それでも社会、公共、行政、司法、企業、住民は何も言わない。第3次産業革命、さらに第4次産業革命が起こり、極貧国では食料の魚だけではなく、人命までも損なってしまう。その脅威はただならぬものである。

海洋に流される汚染物質。先進国は今までに数多くの汚染物質を垂れ流してきたが、「これからは後進国に比べ少ない。後進国は汚染物質を多く流してはいけない」では地球世界では話がつかない。国際連合で話し合わなければならない。これからをいかに話し合うか」が問われている。

04 近代化と戦争、闘争等の人的災害。

地球では隣国と国境線を引き、国を維持している国が多い。河川が国境を越え、数か国につながっている場合も多い。

また、地中海のような狭い海洋を有して繋がっている国々も多い。近年、災害が多発している。災害が起きると自然現象だから仕方がないと問題を処理してしまうことが多い。

しかし、近代化による自然災害は議論にならない。根幹的な問題が存在すると思われるが何故だろう。

地球上には先進国もあれば、後進国も存在する。現実には後進国の現場での紛争状態がかなり続いているようだ。数十年前の先進国と同じように、戦闘状態回避か、領有地拡大かの論議に時間が奪われているようだ。大陸に流れる河川は何か国にも繋がっているし、海洋の流れで繋がっている。近代化による未処理物質や工場排水はヘドロとなり、かなり堆積されていると考えられるが、自然災害で巻き上がる影響は計り知れないのが、21世紀の課題ではないだろうか。

民主主義社会では世界中で、話し合いが起きている。話し合いは闘争にもなる。話し合いなのか、闘争なのか、明瞭でない場合が生じている。政争なのか、党争なのか、組合闘争なのか、自国内の紛争で、殺人なのか、戦争なのか、ハッキリしない課題が存在する。当事者間の状態で、殺人罪になったり、紛争を拡大すれば、国の英雄になったりもする。「話し合い、紛争」は世界中どこでも起こっているのだ。

日本にはペシャワール会の中村哲さんがおられた。アフガニスタンの医療支援から始まり、農業支援を行ったが、支援は紛争の道具にもされる。一方の立場からすると反対行動ととられるのだ。タリバン、ＩＳ組織、国家組織、民主主義での話し合い、闘争なのかもしれない。

先進国と後進国との関係、近隣国との関係で話し合い、対等な話し合いが必要になってきた。交渉の場合、紛争の場合、勝ち負けが統治者の論理が最も重要になっている。あらゆる国のリーダーが短期的な利得選挙競争をしているようだ。現在の民主主義資本主義体制での論議では長期的統治責任の不明確さが鮮明化している。例えば、後進国の部族の長たる人とトランプ氏と対等な関係で話し合うことが世界の標準としなければならなくなっているのだ。ＳＤＧｓで17の目標、１６９のターゲットは２０３０年に向けた具体的行動指針である。世界のすべての国の住民、市民一人ひとりが認識しなければ成り立たない。世界中の一人ひとりの人々の具体的な行動が求められるのである。

今、原稿を書いている3月8日は、「国際女性デー」だ。

１９７５年、国連が定めた女性への差別撤廃や女性の地位を訴える日である。ジェンダー不平等はこの時代の不公正であり、人権課題である。この時代を解決する解決策は女性の問題から始まるのではないだろうか。先進国でも同じだが、後進国では女性の権利が一段と厳しさを増している。女性を不利な立場に追いやる政策がされている国々も存在する。

日本では、古代から神の領域から降りてこられる神々を汚さないために、その場を女性がほうきで掃き清めた。その場の最高の女性が行ったとされている。古代、男どもは戦いに明け暮れ、平和が保てなかったとき、「和をもって貴しとなす」女性の存在が歴史書に示されている。約２００年もの間戦い続けて、国々は乱れ、人々は困窮の極みを強いられていた。

今、現在、この世界、地球全体の状態とよく似ているのではないだろうか。神としてではなく、精神として捉えていただければ世界の人に話せるのではないだろうか。

今まさに、21世紀、世界がDisruption（ディスラプション）／破裂、途絶、分裂、分解、破壊作用している状態である。そのような状態の時点で世界中の国々の人たち（先進国、後進国の人々、未開の国の人々全体）に話せることではないだろうか。

第4章

すべての人々が廃材、廃棄物処理を行う。

生活する上で健康に気を配ることは誰もが気にすることだ。人間は生物として、長い生命体としての歴史が存在する。人間が単に変えようとしたら、短命に終わることが予想される。人々は人間、猿人、生物、生命体として進化してきたと思われる。

これから生まれ、育つ生命を脅かすことはできない。狭い地球の中で「廃棄物を減らすことはできない」では済まされないのである。廃棄物を清掃、清爽、清くさわやかにする。さっぱりしているようにする。つまり、今からは残存物、化学物質を0値にすることが、今すぐに、求められる時代である。

先進国が垂れ流した廃棄物を放置していてはいけない。後進国に「これからは廃棄物を皆と同じく出さないようにしよう」と言うだけでは済まされないと思われる。後進国に廃棄物、化学物質は廃棄しない条約を結ばせながら、これまで廃棄物を輸出していた国々は許されるのであろうか。貧困の人たちと極端な資産運用で金持化した人たちと対等な交渉ができているのであろうか。

地球上には、必要な進歩や改革が遅れ、生活がズタズタにされている人たちがいる。環境を奪い、搾取する人たちが存在する。先住民たちも存在する。

世界にはジェノサイド（国家、民族、人種、宗教を破壊する集団殺害を行う国、地域、集団）が存在する。あらゆる国々の人々が共通の理念、共有の信念で話し合うことが求められている。不公平、不平等で、一方的な交渉で、物事を決めては問題の解決にはならないのである。

世界各地の暮らし、生活の質を平等、公平に保つことで成り立つ。周りの人たちとどうありたいか。Solidarity（ソリダリティ）(18)〈連帯、グループが一致しているという感覚を生み出すこと。共通の目的、基準を認識すること〉が求められる。

ＳＤＧｓは抜本的な改革を迫るものだ。世界規模の危機の解決策の実行を促しているのだ。

01 家族農業者がすべての廃棄物に責任を持つ。

もともと、日本では里村があり、家族農業、家族漁業がなされていた長い歴史がある。文化習慣として引き継がれた知恵が村里には存在する。近代化として、石炭社会、戦争、石油社会、情報社会と70年ぐらいの間に大きな変革がなされてきたが、現在は第4次産業革命が叫ばれている。村全体として、自ら食物をつくり、収穫し、食してきたので、自らの食は健全で、安全なものを食してきた長い歴史がある。淫らなものを含ませることは絶対にない文化である。

しかし、現在の日本では近代化として、自らつくった農作物や漁獲物を大量に生産し、企業化し、資金化すことが推奨され、自らの作物を口にしなくなっている現象が存在する。そして、食物廃棄物として大量に処分されている。

家族農業は発展途上国、先進国ともに、食糧生産において主要な農業形態である。世界の生産額の8割を占めている。世界中の生活者のネットワークや文化として、雇用の創出に大きな力となっているのである。しかし、世界では8・2億人が飢餓に苦しんでいる。貧困層の8割が農村地域で暮らし、農業に従事している。

日本の2015年の調査によると農業経営体数は138万経営体で、そのうちの家族経営体は135万経営体で、全体の98%を占めている。EU、米国も同じで、あまり変わりはない。日本でも、農業従事者がスーパーで食べ物を買い、食料廃棄物が膨大になって処理できなくなっているが、あまり気にしない。あまり見ない現象が起きている。先進国でも格差社会が拡大し、生活貧困層も増えているのである。

2018年12月18日、国連総会で「小農と農村で働く人々の権利宣言」が採択された。採択結果は賛成121、反対8、棄権54だったそうだ。反対は米国、英国、オーストラリア、ニュージーランド、イスラエル、スウェーデン、ハンガリー、グアテマラである。日本は棄権に回ってしまったそうだ。食糧輸出国や巨大アグリビジネス企業が見え隠れする。世界中で大規模耕作地、大規模倉庫、大規模運搬、輸出量の拡大、輸入量の拡大が収益を上げる。国を富ませる競争に入っているが、世界の大部分の貧困層の人々の食を破棄する現象が起きているのである。

アグリビジネスという言葉がある。土地を利用して動植物を育てる農耕や畜産、林業、農業関連産業をいう。農業に関連する諸産業の総体をいう。農業生産資材の供給部門、種子、農薬、肥料、飼料、燃料、農器具、農業機械等。食品工業部門、食品加工業者。流通部門、運送、貯蔵、貿易、卸売り、小売り等。外食サービス部門、飲食店、食品業界。金融部門等。農業に関する分野の社会的分業化が広がりと深さを持ち、極度に進展した事業がある。農業関係者の責任として整理する場合、家族農業者としての責任を明確にすることによって、これからの解決策が紐解けると考える。

02 工場経営者がすべての廃棄物に責任を持つ。

工場経営者というと、日本は戦後の工業化時代の延長上に経営を進めてきた歴史が存在する。日本の一番強い産業部門かもしれない。産業は歴史とともに変化してきている。変化を取り入れなければ、産業革命のうねりの中で、新陳代謝できず、呑み込まれてきた歴史がイギリスに存在する。産業革命だ。17世紀、18世紀から19世紀にかけて興った産業の変化である。蒸気機関が開発され、工場制機械工業がイギリスで成立し、蒸気機関が蒸気船や鉄道を発展させ、交通革命が興った。経済成長は資本主義経済の中で始まり市民革命をも引き起こした。産業の変化は工業化を進展させ、世界中に広まった。

産業革命はイギリスに始まり、ベルギー、フランス、アメリカ、ドイツ、ロシア、日本へと伝わったとされる。なぜイギリスで始まったのかの原因は原料供給地及び市場としての植民地の存在がある。17世紀からの清教徒革命や名誉革命等の社会や経済をも含めた改革がなされ、蓄積された資本が大きな影響を与えている。7年戦争後、世界中で植民地獲得戦争が起こり、イギリスから産業革命が起こったのである。

日本へは19世紀後半に技術文化や概念や歴史的な経験がない国にプラモデル的装置で急遽持ち込まれたのだと思われる。東洋のインド、中国は西洋列強に敗れ、植民地化されていた。日本は敗戦、戦後、アメリカの占領体制からの大量生産大量消費、工業化を推し進めてきたので資金を獲得できたのだが、インダストリー4・0時代に入り約30年が過ぎているのだが、産業革命の歴史的な経験値がないので、誰であれ単刀直入な見本を示されることを待っている現象で、何にどう手を打つかの発想がない。

人類がまだ経験していない全く新しい社会、環境で、食、健康を重視した生活を想定しよう。

まず、農業関係者から話を進めていくと、食料加工業者、運搬企業家、小売店主と進み、中小企業、大企業、貿易会社、金融会社、行政者、司法者、立法家等との関係までも含めた理論が必要になっている。スピードある創造知を深め、全体性が重要で、分離して理論を進めても解決案には辿り着けなくなっている。

既存の工業工場経営では先細りになってしまうことは政府でも指摘している。収益のほかに、健康を維持するためにも食が重要なポイントだ。運動、スポーツ、娯楽も働く要素として捉えることが求められる。会社人、産業人、組織人としても消費者、住民、市民、働く人として健康を捉えよう。

工場経営者が健康のために廃棄物をどう処理するだろう。

03 生活の便利さと廃棄物の増加をすべての人々に問う。

我々は20世紀における生活の便利さを追求するように、先生たちに教えられてきたように思える。いつの間にか先生たちに従い、工業化時代の成功体験による便利さを追求してきた。新たな課題解決に向かわず、「便利さの追求に邁進すれば大丈夫」と言われてきたように思える。しかし、21世紀に入り、より深みのある「生活とは」「生きるとは」という詰問を問われるようになったのだが、未だに教育の現場でも、

①生活の便利さとは安心で安全な高層住宅に住むことだ
②移動手段として遠くからでも通勤できる交通手段はなんだろう
③世界の食材がいつでも買えるショッピングモールがいいな
④誰でも欲しいファッションの洋服が買える大都会に行こう
⑤世界中にいつでも旅行できる等

便利さは増えていった。しかし、時代は年を追うごとに次第に変化し、

⑥新聞、ラジオ、テレビ、コンピューター、パソコン、ＩＴ、スマホ等の情報社会へと大変革を生み、

便利さが広さを増した。

①高層住宅も地震や災害時にエレベーターの故障や耐震性や建て替えコストの課題。

②高速で都市間を移動しなくても通信手段の機能スピードが増し、移動コストの課題。

③人口減少によって、ショッピングモール自体がゴーストタウン化している現象。

④大量生産大量消費の時代の流行ファションではなく、最近では自分独自のファションをつくる要望が強くなっている現象。

⑤ガソリンエンジンを使うジェット機は使わず、船舶の移動も風力による移動が消費者の要望に沿う現象。

⑥新聞ラジオのアナログからコンピューターＩＴのデジタル時代へ大きく変化し、取り扱いは住民主体、個人主体に、民主的に取り扱う現象。

が存在するのである。

便利さは一段と増し、工業化時代の便利さでは扱われない便益が増大し始めている。21世紀になり、膨大な便益に変化したのだが、満足感が満たされているのか、操られているのかわからなくなった時代へ突入したように思える。情報化によって引き起こされる個人情報の管理整備ができない不安が増している。また、情報化による便益の配布が蹂躙され、放置されても、認識できない教育や情報操作で、便利さの追求による市場民主主義自体が問い直されてきているように思える。

便利さばかりを追ってきて、「忘れてきたモノ」、「人間としてより大切なモノ」は何であるかをすべての人々に問い直されているのである。

「生きるとは」、「生き続けるとは」、「将来世代とは」と問い直されているようだ。社会、環境、ガバナンスを問われるということは、「将来世代の社会」、「将来世代の環境」、「将来世代の統治」を将来からの目線で現在の人々に問われていると思われる。

狭い範囲の便利さではなく、低コスト、超高速処理、高品質のすべてを同時につくり出すことへ入ったようだ。情報の取り扱い方において、付いていかれず、置いていかれても、従順な態度をとることは世界から遅れた原因である。

04 廃棄物を放置することによる見えざる負荷。

人間が廃棄するものはまず、糞、尿、涙、鼻水、つば、耳アカ、髪の毛、頭のフケ、爪、皮膚からの脂肪と皮膚のアカ等がある。人が生きるとは排泄物を必ず出すことになる。昔から日本では動物からの廃棄物と残存植物を人糞と合わせ、耕作肥料として売買されていたし、自分の田畑に肥料として使用した。そして、できた作物を食料として、食の安全を守ってきた2000年の歴史がある。まだ化学肥料は何もなかった時代から、未知の化学物質を含んだ肥料を使用した食物を食する時代へと変化したのである。

19世紀、日本では肥料に有害な化学物質が含まれているか心配する必要はなかった。現在は以前とは異なり、肥料の中に何らかの科学物質が含まれている。0ではないのである。科学者、産業者、行政者が民主的に判断し、その配分を決めていることになっている。そして食の安全を守っていることになっているのである。

食する人が自ら食の安全、その配分を決めることができなくなっている。しかし、その危険性は増加していくように思える。新しく開発される科学物質は増加して後を絶たない。科学的な新たな発見や新生物が発生した場合、後戻りには膨大な危険性をはらんでいる。２０２０年のコロナウイルスのような世界中に死傷者出す可能性は０ではないのである。

安全な食物を食べ、安全を守ってきた歴史のある人間の廃棄物を肥料として使用した土壌からできた食べ物を食することが食の循環に繋がると思われる。食の安全を長期的低コストで行い、持続可能はエネルギー発電も同時に行うことが求められる。

動物の糞尿と人間の糞尿、無農薬の植物をメタンガスにして発電し、肥料化するバイオマスシステムが考案され研究開発がなされている。しかし、現発電システムからの転換はいろいろな難題が複雑に絡み合い、解決策まで辿り着いていないようだ。

再生可能エネルギーとして、長期に使用するものとして評価、判断する場合において、アグリビジネス(19)を家族農単位の発電エネルギーとして、①食、②エネルギー、③小口をベースに捉えれば、将来的に、化学的安心安全に対す費用は大幅に削減されると思われる。

狭い地域の農家経営における、小規模多機能農業事業者であれば、牧畜、養鶏、田畑耕作、バイオマス発電、ゴミ処理、食品製造、食品販売店、宿泊業、地域案内業が考えられ、製造流通システム、生産消費者システムまでも総合的に進められる可能性が十分にあると考えられる。

限られた地球の中で将来的長期に低コストで、高品質に生活する術（すべ）を提案することが待たれている。そして、各地域の住民が選択し、主体的に課題を解決した技術を探り出すことができ、事業化ができ、そして、地域ごとに異なったスタイルの地方のスマートシティが出来上がる基礎になるのではないだろうか。

3R、（リデュース、リユース、リサイクル）

①リデュース（減らす）

②リユース（何度でも使う）

③リサイクル（再資源化する）

ゴミとして破棄せず、再利用する。

第5章

コンクリート工事慢心症。

今世紀末までに地球規模の気候変動が起こる。世界の各地で気象災害が同時に多発し、膨大な損害が発生する。アジアでも、先進国でも発展途上国でも同時に派生し、経済的負担が増加し、経済成長自体もマイナスになり、課題は深層化していく。

その中で20世紀から今までにできた都市は、コンクリートジャングル化して崩壊から免れないようだ。日本の都市の大部分は　戦国時代以後、扇状地以後にできた砂地に、戦国家臣団の住居開発から始まっている。領主は港の岩地に天守及び楼閣広場をつくり、家臣団はその前の砂地に低層の建屋をつくる都市計画がなされたのが日本の大部分である。大阪、京都、福岡等、豊臣秀吉、徳川家康、黒田長政たちが商業都市として、港近くの砂地に都市計画を進めたのが始まりである。明治になり、工業化時代が始まれば、さらに干拓が進み、輸出用の港併設の工場群が出来上がっている。戦後経済成長時にとりあえず、西洋都市計画のサンプルを急遽参考にし、コンクリートジャングルを造ったのである。課題が山積みされているが、責任論になるので、先送りされるきらいがある。

01 戸建住宅と街づくり、人づくり

コンクリートは古代ローマや古代エジプトでも使用されていた。古代ローマのパルテノンはコンクリート製のドームであり、現代でも存在している。ローマ近郊の墓ではローマンコンクリートがむきだしになっているものが存在する。ローマ水道やローマ橋もコンクリートでつくられていた。型枠の痕跡も残っているそうだ。

人間が住まう住居として考えられるものとして、縄文や弥生時代から存在する竪穴式住居がある。環濠の中に草葺の屋根が土を丸く掘った形に、木材の骨組みでつくられている。家族が食事をし、団欒を行い、宿泊した場所である。遺跡から真ん中にある小枝を燃やしたカマドが調理用の土器と一緒に掘り起こされている。

田舎では、昭和、太平洋戦争後の農家の住まいは藁ぶき屋根の住居だった。藁ぶき屋根の下には田の字型の居間があり、玄関は土間で、奥にオクドさん、竈（かまど）があり、煮炊きをする空間があった。4つの居間の1つの間に囲炉裏があり、そこで食事をした。客間には庭があり、池があった。水は各家々に上流から流れきて、飲み水にして使用し、河端（かばた）・川端（かわばた）・池でコイを養い、野菜や食物を洗い、池の下で洗濯をして田畑の用水路に流していた。シンプルな生活が家族、地域の村の生活を守っていた。しかし、戦後の工業生産による高度成長は生活を一変させ、伝統的生活文化をも近代化という西洋式金銭文化、資本主義競争文化へ邁進させて、生活の歪みを近代化で解決できていると思い込んでいるようだ。

日本の「生活のゆとり」が問い直されているのではないだろうか。古来の生活には自然が豊富で山、川、海、動植物が豊富で、村々で自治がなされていたようだ。

明治時代から西洋建築が取り入れられ、西洋式のコンクリート住宅がつくられるようになってきた。ヨーロッパの都市建築文化も中世から、ロマネスク様式、ゴシック様式、ルネサンス様式、バロックロココ様式、新古典主義様式と近代までに住まいの文化が数多くあり、ヨーロッパ人は住宅文化の変遷を経験し、つくり上げてきた歴史を有する。近代に入り、機能的で、合理的な造形理論に基づく建築がはじまり、1920年代に歴史的建築様式の転換が成り立ち、工業生産による鉄、コンクリート、ガラスが用いられた建築様式が成り立った。グロピウスのバウハウス校舎。ルードヴィッヒ・ミース・ファン・デル・ローエのバルセロナ・パビリオン。ル・コルビジェのサヴォァア邸等が近代建築のデザインを変えたのである。

ヨーロッパでは複合的な民主、資本、社会との改革を自ら成し遂げて、駆逐され、再び戦い勝ち取った歴史文化がある。後進国が急遽デザインを真似ても、複合的経験値のない国民は不都合な生活習慣文化に惑わされることになるのではないだろうか。

豊かな生活に欠かせないのは家族、豊かな自然、会話する村落が欠かせない。理想郷で生活したいものだ。如何にこれからの街づくり、都市づくり、インフラづくりのベースに据えることができるか。据えた理論を進めたいものである。地球市民の居住空間には民主、資本、社会の3つ言葉が必要である。先進国であろうと脆弱な新興国であろうと、地球市民は自由で平等で公正なコミュニケーションを取り、責任を取り、維持管理運営しなければならない。

自国で居住する建物をつくる場合、自分だけの好みでつくることは避けて、長期的管理コストを削減でき、長期に住まわれ、精度、品質が良く、世界中の市民が興味を持てるものを建設することがまず求められる。そして、これからの世界に求められる、17のゴールと169のターゲットを共通の目的にしなければならない。

02 集合住宅と街づくり、人づくり。

日本のように国土が狭く、人口が多い国では集合住宅でいかに、これからの21世紀の経済世界で、長期的に安定的に生活するビジョンを描き切ることが求められる。各国々の各地域で自国のことだけではなく、自分だけのことではなく、世界中のことを考えながら、「街図づくり」から考える住民が多い処（ところ）が豊かな生活ができるのである。

今までの20世紀のように、どこかで開発された街づくりを「マネ」ようとすれば、何度でもインフラ工事が発生し、「ムダ」と浪費が莫大になる。未熟だから世界からの支援金、助成金で賄う国に成り下がってしまう。そして、経済になってしまうのである。どのような国であれ、どのような地域であれ、自ら、地域と共生して、街づくりを行う、「意志」と「やる気」が問われるようになったのだ。

「コモンズ」[20]、共有地、公共財、「コモンウェルス」[21]という言葉がある。ヨーロッパを鉄道で旅行すると、森の間には牧草地や畑が傾斜地の丘に散見することができる。日本とは異なり、ヨーロッパでは稲づくりの文化はなかったので、このような丘陵地が存在すると考えていた。長く汽車に乗っていると、ヨーロッパも200年程前に工業化で、蒸気機関が発達し、木材が燃料となり、森林が破壊され、相当な荒廃がなされたと聞いたことを思い出した。

それからまた同じような景色に戻ったとすると、1850年代のヨーロッパの農業はどのような農業だったのか。農民はどのような生活をしていたのかと思われ、汽車の中で色々思考して、景色を眺めながら、ウィーンからミューヘンへ移動した。

なぜ、また再び元のこのような美しい景色に戻ったのであろうか。ヨーロッパでも、当時、封建主義が存在し、広大な土地所有者が存在したし、今日でも存在するのではと思う旅であった。

三圃制、中世ヨーロッパの荘園制下の農村では農民の耕地が個々に存在していたのではなく、村落全体で分割して、帯状に細部化し、開放耕地制が取られていた。春耕地は豆、大麦を秋耕地は小麦、ライ麦を栽培し、休耕地として家畜の共同放牧地として使用していた。この方法は人工的な肥料を使用しない方法として長く使用された。そして、工業化とともに自給自足の農業スタイルが変わり、商工業化、貨幣経済を復興させた。

イタリアのレバント貿易、商業のルネサンスへと発展した。また、人口増加は周辺への進出や植民地へと運動し始めた。十字軍運動やドイツの東方植民、リベリアのレコンキスタ、オランダの干拓、キリスト教の巡礼を起こした。

農業革命はイギリスで三分割制とよばれる土地制度が確立し、大土地所有者である地主と、地主から土地を借り受けた借地農と、借地農に雇われる農業労働者に分かれた制度である。地主は複数の領地を持っている。借地農が地主から土地を借り受け、農業労働者を雇い上げ、耕作している。借地農は農業資本家である。

現在のヨーロッパはどのようになっているか知りたいものである。これから21世紀の小口農、小家族農業において、アジア、アフリカ、全地球の農業従事者までを含めた生活空間を探りたいものだ。

集合住宅はＳＲＣ(22)鉄骨鉄筋コンクリート造りが丈夫であり、長期使用が可能であり、耐震性、洪水にも強いはずである。しかし、課題も多いのが21世紀現代である。

家族農業者、農業従事者、農業経営者との関係をどのようにして、どのように住まうのか、課題は自国の課題だけでなく、世界の課題として捉えなければならない。

03　超高層住宅、タワーマンション

高層になるとエレベーターが一つでは対応できない。数台のエレベーターを設置しなければ生活の安全が保てない。停電、地震、テロ等、何らかの避難をしなければならなくなったときに、どのような行動がとれるのか、選択ができなければに機能不全に等しいと

判断しなければならない。大都会で都市災害が起こったときに、何もできなくなり、そのまま住居に退避しなければならない事件が何度も起こっているようだ。東京でもニューヨークでもヨーロッパでも起こっているが、あまり報道されていない。

今般、新型コロナウイルスのパンデミック（感染爆発）が主な都市で起ってしまった。ロックダウン（都市封鎖）がニューヨーク、ロンドン、パリで起こってしまっている。東京はまだであるが、いつになるか解からない。日本中が襲われるのは感染と経済とが混ざり合った状態で起こるだろう。

病原菌が地域全体に広まる可能性が高い場合を想定して、住まいをつくっていかなければ、穏健な生活がしっかり確保されないことになってしまう。安心で安全な生活をすることが長い目線で見ると重要さを増している。今だけでなく古くから経済社会の中で都会、そして都会での暮らしの問題点を公表しない文化があるように思える。都会には来てくれる人が多いことによって利益を得てきた歴史がアメリカ、ヨーロッパでも東洋、アジア、日本でもある。住まいを犠牲にして利益を優先してきた歴史が存在する。

住まう人を優先しなければならない。

これから21世紀の豊かな生活をデザインするとして、単に大都会化していくことで経済的富を確保することが許されるのだろうか。これからの若い将来世代が単に大都会化した超高層に住む人が果たしているのだろうか。建物の階層の中でも相反する問題が発生し、対処しなければ安穏な生活は確保されない。

現在でも、東京一極集中には大きな課題が数多く存在するのだが、既得権者が多いからかもしれないが、あまり報道されない。既得権者が多いからか世界的な評価もあまり報道されない。

高層建物は古代からその地域の象徴的なものとして建てられてきた。多数の災害により崩壊する経験を積んできているが、天の神による怒りや天災として自然が成したものだから仕方がないとして扱われてきた歴史がある。なぜ起こったのか？　どうして起こったのか？　を問うことを避けて、支援金の話へと論題を運ぶきらいが存在する。短期的統制的利益性を優先させてきたことが負荷の増大に繋がってきたのである。これからの社会、生涯社会コストや未来社会コストを設定してビルをつくっていかなければ、つくる費用計算だけでなく、維持管理費用、建て替え費用をも含めた、あらゆる分野でのリスクを想定した設計デザインが必要になった時代である。

高層住宅には階層的にも、病院、学校、店舗、公園、発電、水源、散歩道、自然、避難路等、また、内装変更、配管等も配慮した設計デザインが求められる。

医療にしても、増える老人、少なくなる子供たち。新しくなっていく医療体制、構造の再構築。新しくなっていく医療報酬、経営。高層住宅を地域と考え、老人たちに子供たちの世話をさせたらどうだろう。新しい仕組みづくりが大きな解決策、起業化を若者に繋げることにならないだろうか。

昔は駄菓子屋が市場の先にあった。両親は仕事をしているので、爺婆が世間の話、男の生甲斐、できた女の話をしたものだ。山の川や森、海の魚や砂、駄菓子を食べながら話を聞くことが楽しくて仕方がなかった。話は長からず、しかし、毎日の習慣事として、当たり前として、子供たちの思考の根幹をなしているものと思われる。

04 ダム、橋、発電

古代都市が発展するためには安定的な食糧生産が前提で、灌漑用の水源としてダム建設がなされた。強力な権力者、王様、皇帝が存在し、大規模な住民、労働力を動員し、ダムを建設した。

紀元前2900年代には、エジプトでもナイル川を堰き止め、文明を発展させた。現代までも残る井堰が点在する。古代アラビアでも、紀元前750年頃の遺跡として残っている。東洋の古代中国でも紀元前240年頃、高さ15メートル以上のダムがつくられている。川の流れを変えて住民を潤し、都市が形成された。ローマ時代にはモルタルによるコンクリート製のダムがつくられ、都市づくりがなされた。1747年スペインで、製粉用水車を回す設備を備えた世界初の動力用貯水ダムがつくられ、これが中世でのヨーロッパ発展の基盤ではないだろうか。

1824年イギリスでセメントが発明され、ダムにセメントが用いられるようになった。イギリス、フランスで技術革新がなり、19世紀後半、イギリスで都市化が進み水の供給を賄うダムの建設が各地になされ、産業革命がヨーロッパでなされ、近代化が世界中に広まった。1933年より進められた米国のニューディール政策ではその一環として各地にダムが建設され、発電、灌漑、洪水調節が重要視された。

日本においても、古代、弥生時代から水田や畑地に用水として灌漑技術が次第に浸透していった。ため池が日本全国にある。堰堤（えんてい）は、治水、利水、治山、砂防を行うものとしてつくられてきた。昔から堰（いぜき）と呼ばれ、日本全国に存在する。福岡県の筑紫地方には数多くのため池が今でも数多く存在する。白村江の戦い（663年）の水城の遺跡、16世紀黒田長政の老司の堰などが有名であり、戦いで使用されるツールとしても造られもした。

もちろん、ローマ時代から水道橋などがつくられ、都市が形成された。都市が発展するためにはコンクリートが重要な要素だったと思われるが、これからの持続可能な世紀の地域づくりの要素として、再定義をする時代に入ったのではないだろうか。つまり、民主主義、資本主義の下で、いかに地球規模での、世界中のダムインフラをいかに解決策として取り組むかかが、世界中から問われている。

日本のような狭い国土の分水嶺から左右に流れ落ちる川を堰き止め、無数にダムを造り、法的な管理を先延ばしにして、発電、灌漑、飲水、用水等生活に欠かせない課題が山積みされているように思えてならない。エネルギーの課題は緊急の課題で、発電だけでなく、様々な課題が幾層にも重なり、近代化の美名に任せきた要素からも顧みて、早く解決策を世界へ発信するように世界から見られているのではないだろうか。

今までの工業化時代の延長上に技術的発展はあり得ない。新たな技術的要素を取り入れなければ成り立たないし、新しい技術を活用し、先へ進める組織でなければ、世界的な競争原理から取り残され、放置されることになる。

日本の市民、住民やこれからの将来世代の人々があまりにも、工業世代の高度成長に酔いしれているようでは競争に勝てない。競争というものはそんなに甘くない。だから今でも、今からでも市場競争なのである。現在の世界の競争は20世紀とは異なり、金融経済競争がかなり複雑に絡み合う政策金融経済で運用され、誰が責任を負うかはっきりしない様相を呈している。人類は民主主義、資本主義を怠るとそのツケを拡大させ、何度も戦いの歴史を繰り返している。今、競争は激化し、混沌とし、人類は解決策を見出せず、戦いへの形相へ進んでいるようだ。

世界は前世紀前半に似てきている。各国の自国主義と貿易戦争が続き、各地でポピュリズム（大衆迎合主義）に訴える指導者が現れ、世界の自由と民主主義と資本主義を脅かしている。排他的なナショナリズム(23)は簡単に民主主義社会には広がるのである。

人間的弱みを如何に補うかが問われている。

05　道路、高速道路、トンネル、鉄道、空港、港。

2020年、コロナ静寂、時代は大きな岐路に達している。

21世紀に入り早20年、日本の高度成長が終わって30年。この地球の大地の地面に、近代化という美名で、都市化を行い、コンクリート化する工事が数多く行われている。明治以来、大規模に工事をする教育を受け、組織体に配属されてきたのである。

誰も不安にならないかもしれないが、地球の全土で、地球上の大地に今までと同じように何度もコンクリート化することは地球の自然を破壊することになりかねない。地面の大部分に上から蓋をして終ることになるのである。地球の大地の営みを崩してしまうことになる。後進国も先進国と同じように都市化すると、世界中を覆い隠すことになる。地球規模で行われる負の遺産を止められない。

自然の大地は水を育み、山から川、海に流れ、自然の大地が動植物を進化させてきたが、地球上の生き物を絶滅させても平気なのだろうか。

日本でも今までと同じように便利だからと、コンクリート化していくと、便利だから、近代化していこう症候群から抜け出せない。大部分の人々が不安を感じていないのである。

しかし、地球自体の環境を維持することが保てなくなる。地球自体が崩壊することになる。世界中の人が言っている。地球にとって、何が必要で、何がいらないものであるかを早く判断し、行動に移す時代がきているのである。

しかし、市民は古代ローマ時代の市民と同じように、コロッセオでパンとサーカスの話に振り回されている。時代は変わり、地球は狭くなり、市民一人ひとりの責任を問う時代であるが、まだまだ享楽にふけりたいと言っている。しかし、ＡＩからＩｏＴ、今や交通も全世界に人類が移動することが当たり前になった。世界中の地面をコンクリート化することも問題だ。トンネル化し、地球の内部をコンクリートで遮断することも地球の生命体そのものを脅かす存在なのである。

空港にしても港にしても、コンクリート化には変わりない。台地であろうと海であろうと変わりはない。また、コンクリート地面を飛んだり、浮かんだりしている機械から大量のガソリンの廃棄物、エンジンの清掃用水は計り知れない量が使用されている。CO_2輩出問題とも絡み合わせると、問題はさらに膨らむ。

モノの移動に使われるエネルギーの課題が問われているが、クリーンなエネルギーだけでなく、地球上の建築物そのモノも課題なのである。これからの生物に、これからの将来世代にいかに負荷をかけないかを、今から決断し、決定し、対処しなければ、その負荷は極端に膨大化するのだ。遅れの責任も明確になるＤＸ（デジタルトランスフォーメーション）の時代なのだ。
責任者の自覚が各自に、各市民に、各位に問われている。

06 護岸工事。

護岸工事には河川の護岸工事と海の護岸工事との2つある。日本では河川の左右に護岸工事を近代化として、長年コンクリート工事を行ってきた歴史がある。日本とヨーロッパと大きく異なる点が多いと思われ、ヨーロッパの国々の河川はなぜだか、護岸にはグリーンがいっぱいで、コンクリート工事の痕跡が見えない。河川へはなだらかな草原の牧草地から流れ込んでいるようだ。川には林や憩いの場が設置してあるように景色が良い。

ヨーロッパの川は何か国かの国々を渡り、流れていくことが当たり前である。上流から下流へ科学的混合物や汚物や廃棄物が流れないような仕組みづくりが長年行われているのだろう。

しかし、日本の川はコンクリート護岸が当たり前で、田畑の用水路までもが両岸をコンクリと化している。何故なのだろうか。

日本はヨーロッパに追い付くことだけに、近代化に固執しているようだ。西欧諸国とは「豊かさの範囲」が大きく異なるのである。ヨーロッパの人たちは「豊かさ」を住民、市民のものとして扱っているし、ヨーロッパの人たちの共通ルールの認識で幅広いものとして扱っているのである。近代化としても、日本と大きく異なる点があることを日本人やアジアの人やアフリカの人たちは気付いているのだろうか。ドナウ川沿いの河川の景色はグリーンで埋め尽くされている。自然環境の豊かさを感じる。私だけだろうか、ゆっくりと観光船で過ごしていることに安らぎを感じ、また来たいなと思わせる景観である。地域住民の人たちの協力なくしてはこの景観は維持できない。電線が少ないし、看板も少ない。街並み全体を古典的に維持管理していくにも、住民、所有者間での話し合いでの重みを感じる。

令和2年1月はウィーンで過ごし、ザルツブルクでドナウ川を体感した。河川沿いを歩いてもグリーンが多く、暖か味を感じた。憩いの場としての満足感を味わった。「豊かさ」とは何だろう。単にお金を所持することだけなのだろうか。いや、自分の時間として自然の中で、休暇を過ごすことが「真の豊かさ」ではないだろうか。

実を言うと、45年前であるが、スイス旅行中のジュネーブのレマン湖の畔での出来事で、とある湖畔のレストランで、そこのウェーターが私に言った言葉が今でも頭に残っている。「大部分のヨーロッパ人が冬の間、金持ちはアフリカ川へ、平民は地中海の南側で少なくても1か月は遊んでいるよ。湖畔の向こうにある4階建てのクラシックな建物は私たちの住居だよ」と当たり前に言っていた。

ヨーロッパの下層の住民であるのだろうが、我々日本人に普通に言っていたのである。なぜだろう。私の長い間の疑問点の一つであった。高度成長末期であろうが、我々日本人にヨーロッパの庶民が言い放ったのである。記憶に残らないはずがない。

「単にお金をもらうことではない」「お金を増やすことでもない」と言い放って、「仕事をせずに今からでもイタリアの田舎へ行きたい」と澄まして言い放ったのである。「ウーン」と、そのときから思ったことは、「日本の自然を取り戻すにはどうしたら良くなるか」だ。

今からは自然環境を豊かにしなければならないし、地球社会全体を豊かにしなければならない。

海岸線の護岸工事であるが、２０１１・３・11、東日本大震災から早9年である。日本は２０１６・４・14、熊本地震。２０１８・９・６、北海道胆振東部震災。この10年間に3度の大震災を経験している。震度マグネチュード3の地震は日本全国で毎月平均５０００回揺れているそうである。つまり、日本ではどこかで揺れているのである。あまり報道されない。揺れは構造物、護岸工事にひび割れが増やさないのであろうか。いずれ崩れつつある。工事をしたから安全であることはない。地震の多い国ではコンクリートはどんな工事をしてもいずれ崩れる可能性があるのである。

日本では建物の耐久年数はなぜ少ないのか、アメリカやヨーロッパの国と比べて少ない。アメリカは3倍、ヨーロッパで2倍以上である。単に地震が多いからではない。[24]重要な点であるが、日本は現在、生産性が先進国の中で一番低い。ＯＥＣＤ加盟国の中で21位である。そのように生産性が低いのに国民全体があまり気にしていない。

何故だろうか。「コンクリート工事の生産性を向上させることは　日本の命題である」

と考える。21世紀のこれからの都市の再生をしていくのである。

日本では多くの労働者、多くの国民が経験を重ねて、コンクリート工事を実施し、多くの働き手、労働者、従事者が経験知を持っている。なぜ、生産性が低いと言われ続けているのだろうか。国内で技術改革だけではなく、構造的改革も併せて行う時期にきていると思われる。皆が東洋的諦念に陥らないようにしなければならない。

コンクリート工事作業において生産性を向上させるには、コンクリート工事の精度を向上させることである。生産性向上とは、作業者間つまり、サプライヤーの工場、施工会社、下請け会社、設計会社間の利益相反を下げ、作業精度を向上させることである。

日本で、生産性を向上させるのである。

生産性とはインプットをしてどれだけアウトプットができるかだ。投入された資産よりも産出された資産を増やすことである。日本が少ないと諸外国から評価され続けているのである。日本で付加価値を上げないといけない。ＳＤＧｓにおいても世界の評価がどれ程低いのか日本では報道されないし、低い評価しかされていない。

私は日本がまだ世界で高度成長をしながら、世界で2番目のＧＤＰを確保していた時代に、カリフォルニアのサクラメントに農業　研修で出向き、いろいろな経験を積み重ね、いろいろな講演会に参加し、日本が高く評価されていた経験を積んでいる。30年ほど前から次第に、アメリカ、アジア、ヨーロッパでの日本の評価が低くなり、現在どれ程低いかを肌で敏感に感じる。

私だけなのだろうか。

第6章

輸送交通のムダ。

最近、ＭａａＳ（Mobility as a Service）[25]なるものが盛んに活動している。サービスによる移動手段。色々なＩＣＴツールを使用し、多岐に渡る移動方法をシンプルにして、社会全体の利便性を上げようとする動き。経営主体を問わず、情報通信技術を活用し、自家用自動車以外のすべての交通手段による移動を一つのサービスとして捉え、シームレスにつなぐ新たな移動手段である。

また、ＣＡＳＥ（コネクテッド、自動運転、セアリングサービス、電動化）[26]なる移動手段が追加され、一段と新しい交通手段、都市開発、街づくり、仕事づくりがセットされた地域づくりが各地方都市でも行われている。例えば、トヨタ自動車も東富士研究所（静岡県裾野市）にＩＴＳ[27]（インテリゼント、トランスポート、システムス）技術を活用して、スマートシティの社会基盤を世界に発信しようとしている。環境エネルギー、運輸交通、生活医療健康、公共行政、産業、教育文化、トヨタのサービス、ＮＴＴサービス等、様々なサービスをネットワーク化し世界に先駆けた提案をしようとしているようだ。

自立走行、連結、移動、消費が形づくる社会は大きく変容し、今までの産業の役割を終えて、新しい産業システムへ転換するようだ。

ＤＸ（デジタルトランスフォーメーション）進化し続けている。ＩＴテクノロジーが人々の生活を豊かにするという概念でできた考え方である。

これからの21世紀、デジタル時代は新しいデジタル技術によって、データ哲学と倫理による具体的な行動により獲得した資産の活用が求められている。今までと同様な工業化時代の産業での収益企業ではＤＸ（デジタルトランスフォーメーション）には手出しできないようだ。どうしても、既存の産業システムまでも犠牲にして、社会的転換点を迎えようとは思わないようだ。

今まで通りの収益が確保され続けられるまで、自ら、行動して、組織全体で危険を冒す行動はできないようだ。しかし、21世紀も競争社会である。競争に後れをきたせば、取り戻すために莫大な費用と労苦が待っていることになるし、そのままにすると、先人たちが経験した戦前と同じような社会全体が全体主義の道に入り込み、できっこない、戦いへの道へ進むことになってしまう。

誰もが着手しなければならなくなったのである。誰も取り残さないだけではなく、誰でもが参加しなければならない時代の到来なのである。

世界的に通用するルールを作成し、実用化できる組織企業でなければ取り残されてしまう。消費者もプロシューマー（生産者側と消費者側が一体化した、つくる側と提供する側に関わる消費者）となるような新しいルールもつくらなければ、取り残されてしまうのである。新しく、創造的な技術で、アフリカのインフラ等で新しく雇用を生みそうな企業に投資し、収益を上げる試みも行われているようだ。

01 ガソリン自動車は電気自動車へ。

今世紀に入り、自動車という概念が今までとは大きく異なり、「移動手段」から「個の移動空間」へと大きく変容した。今までのような車輪社会とは異なり、自立連結走行が可能な移動社会となり、移動と消費とが形づくる社会が変容した。今までの自動車産業が今までのような消費経済では終焉を迎えるのである。はるかに広い範囲の移動空間を自由に移動することができるような経済社会になったのである。電気を使って、簡単に地球のどこにでも自由に移動できるようになったのだ。

ガソリン自動車も前は馬車だった。一頭立ての馬車が日本の道幅、世界の道幅をつくっていた。二頭立て馬車は王様と一部の貴族が乗ることを許されるそのような都市計画、全地域統制計画道がつくられたのである。庶民が使いだしたのはアメリカ合衆国の西部開発からで、ガソリン自動車は二頭立て馬車の大きさを模倣してつくられ、今我々が使用している道路も二頭立て馬車の道幅をそのまま使用していることになる。

現在の開発レベルは電気エネルギーとした蓄電池開発競争にも進んでいるが、エネルギーそのものは木材から石炭、石油、電気、水素へと技術変革が起こり続けている。エネルギーの転換により、経済の変化を起こしてきた歴史的大転換が世界に存在する。

経済の転換を自ら行ってきた実績を残す国々では、経済ルールを他に先駆けて変更し、収益を倍増させた経験知があるのであるが、維新を起こし、後追いし、西欧化し、資本主義化した国では経済転換を自ら行おうとはしない。起こすことができない。見本となる「サンプル」がないからである。世界にまだない「サンプル」などつくったことがないからである。簡単には創り出し、掘り起こすことができない。経済転換を自ら行った経験知が国民皆にないので、自ら創り出す組織的経験もないからである。

しかし、世の中はまた新たな技術改革が興り、経済変革がなされる時代に新たに入った。何度も変革してきた世界社会である。世界中が電気自動車の実証研究を行い、そのデータをもとに、新たな技術開発がなされているのである。

エネルギー自体で、世界は大きな経済変動を起こし、経済改革や法制改革を行い、経済成長を成し遂げてきた。これからもガソリンから持続可能な電力経済へ移行しようとしている。経済や法規制度の同じ地域や国でなければ、「個の移動空間」に対応する技術経済システムにはならないので、競争資本主義社会では生き残れない。新しい変革が必要なのかもしれない。組織全体が経験知のない範囲にも入り込む勇気が必要かもしれない。私たちは皆うすうすは気付いているはずなのに根拠なき楽観で先送りしてきたのである。世界全体がこのままでは持続不可能であると気付いているし、鉱物資源は有限かつ偏在しているのに、世界中で需要が拡大し続けると取り返しのつかないことが起こるのだ。これらの問題はもはや、一国や一地域の自治だけの問題ではなく、企業自身が社会、環境、全ステークスホルダーに対して責任ある行動を取る時代が来て、政府にすべてを頼っていればよい時代ではないのだ。

また、ただ企業に頼って、話を進めても問題の解決にはならない、社会の構成要員である一つ一つの組織や個人が主体的に行動することが求められている。自らの尊厳を明確にして、書下ろし、自らの規範を作成し、行動することが皆に求められているのである。中途半端な民主主義、競争資本主義的行動では誰も認めてくれないし、軽蔑されるのが西欧型競争資本主義社会ではないだろうか。

世界の石油産油国でも石油生産を低下させ、石油価格を変容させているが、持続可能な太陽光に切り替える模索を試みている。石油工業時代の産業社会構造からの脱却を行い、持続可能エネルギーの産業社会構造へ試みがなされているのである。前世紀のグローバル資本主義社会では企業は低コストで生産できれば収益が上がることになるので、自国生産から途上国生産に世界中が向かった。移動コストも商品コスト内に入り、大量生産大量消費に適応したからである。しかし、途上国もさらに賃金が安い後進国に生産を移す動きが加速している。

この現象は先進国の労働者、会社員、働き手におよび、さらにＩＣＴ化やＡＩ化による職業の機械化による働き手の減少を進める動きが増している。先進国から途上国、後進国にまたがり、世界中で大きな構造変化が起こっているのだ。

勝手な資本家、投資家の行動に任せる時代ではないのである。我が国にも国民、住民皆に変改の早い着手が全世界から求められているのかもしれない。

02

鉄道電車は連結自動車へ。

交通システムとしてオンデマンドシステムというものがある。オンデマンドとは利用者からの要求に応じたかたちで、提供者が機能や情報を提供するサービスのことである。利用者が自らの都合で必要な時に必要な機能や情報が得られるサービスで、移動交通手段でも使用者側、顧客側に立った要望をこなして行うサービス商品でもあり、公共財である。

運行エリアを決めて、利用者が停留所ではなく、好きなところから好きなところへ行くシステム公共財として高齢者の移動に研究されている。

オンデマンドシステム商品をつくれば、新たなビジネスに役立ちそうだ。現状の実証実験では高齢者限定で行われているようだが、コンピューターやスマホを使い、データ化を深めていけば可能性が高まり、現状の路線で頻度が高まる道路を割り出す、アルゴリズム開発が実装されて、運用計画が生成されてくるのだ。利用者の追加の要望として大量輸送バスとの連絡は路線上であれば、どこでも乗り降りが可能な位置を設定できるように、データを築き、アルゴリズム化できるようになれば、便益が増し、使用者サイドに立ったシステムとして拡大しそうである。

そのためには運行エリア地域での利用者とデータ運営管理者とのより良いコミュニケーションが必要であり、そうすればより便利なシステムが可能になる。行先は公共施設もあり、私的場所もあり、帰りの運行も時間とルートを選べるのであれば、より利用者は増加するだろう。もちろん利用者は高齢者だけではなく、年少者、一般人、外国人までも含めた範囲でデータ化した方が良いだろう。老人を特別扱いするのではなく、一般人としてサポートすることが今からの経済成長に大きく貢献することになるだろう。老人は働き口をもらい、体を動かし、社会に貢献し、自然環境の良いところで、余生を過ごしたいのである。

そのためには公共施設、病院、スーパーマーケット、郵便局、銀行、友人の家、パチンコ店、マージャン店そして、仕事場には自由に移動できればありがたいものである。行き先、到着時間、乗降情報等、管理運営されれば、全く新しい交通移動サービスへと発展するだろう。

前にも述べたように、ＭａａＳ（モビリティ、アズ、ア、サービス。mobility as a service：利用者ニーズに合わせた、多様性のある交通手段を合わせた提供サービスをすること）が盛んになっている。全く新しい交通手段とサービスを掛け合わせた、つまり、行政サービスと企業サービスを掛け合わせたようなものである。運営管理者、運営者（プラットフォーマー。platformer）が新しい職種として存在するようになってきた。

移動サービスでまず考えられるのが、老齢者、身障者で、公共的支援がなされるが、移動は一般人も行うのであるから同時に行うことが便利である。また、病院、公共施設やショッピングモール、娯楽にも移動がかかわり、幅広い要求が膨らみ、移動手段だけでなく、移動インフラまでも含んだサービス競争領域に侵入した世界なのである。つまり生活環境、自然環境の豊かさがサービス競争の重要な要素になっているのだ。

移動手段だけでなく、移動する道路、移動する環境インフラストラクチャー自身が大きな変容をしなければならなくなっている。今まで通りの交通機関では債務が増えるし、今まで通りのシステムではムダが増え、魅力がなくなり、過疎化はさらに進むことになる。

インフラストラクチャーまで含めた課題解決として重要な点は利用者の大部分を占める中産階級層をいかに引き付けるかである。今まで放置されてきた中間層のための仕事業務を増やすことだ。より高度の創造性高い業務を増やし、社会全体の生産性向上に役立たせることである。今までとは異なる新しい要素を明確にして、新しく付加した業務、仕事を創り出すことである。仕事を孵化させなければならない。

さらに、CASE（コネクテッド、オートマティスオートメテッド、シェアリング、エレクトリック。connected autonomous/automated shared electric：つながった、自動化の、共有している、電気で動く）なるものが世界中の自動車メーカーやその他の利害関係者が参加した運営者の基に、色々なアイデアの元に、色々な国、色々な企業組織で実用化され、実装実験がなされている。プラットフォーマーのもとに新しい技術で実施されれば、他の業者企業組織は後追いもできず、市場から退出するようになるので、早い着手が求められる。遅れはそのまま負荷になり、世界中の標準から離れ、世界中からの投資も減っていき、じり貧を待つだけの国、地域になってしまう。

世界で感染症（コロナウイルス）がパンデミックしているようだが、想定外とせず、感染症対策として、スムーズな移動空間として、目的病院へ移動する移動手段を構築すれば、世界に先駆けて、新たな第1次、第2次、第3次、第4次パンデミック対策として実装することができる。感染症対策、地震対策、気候変動対策、軍事対策を含めたインフラ整備を世界に発したいものである。

03 トラックは無人自動運転機へ

トラック輸送機関は新しい時代に入った。西欧近代化の基に明治時代が始まり32年後に我が国は20世紀に入った。急激な発展を遂げ、前世紀に明確に工業型産業革命に入ったのである。１００年前の１９２０年に、第1次世界大戦の特需でアメリカは大いに繁栄し、世界の経済の中心地はロンドンからニューヨークのウォール街へ移った。世界中の経済がイギリス型資本主義ではなく、アメリカ型の自由民主、資本主義に移行したのである。20世紀初頭にこのままでは成長できないと、世界中の国々がアメリカ型に変化することを認めたのである。

しかし、我が国は西欧化してまだ半世紀にも満たない国なので、世界の経済社会全体がどのように動き、変化するか理解できない国だった。国全体をどのように取りまとめるかまで進めきれずいたのである。そして、世界は大きく変化し、アメリカの経済成長は大量生産大量消費が確立し、「黄金の20年代」と呼ばれ、自動車、ラジオ、洗濯機、冷蔵庫の家電が普及した。

日本も第1次大戦景気で、繊維、造船、製鐵の製造業、海運業が発展し、欧州諸国はアジアに販路を広げ、我が国も輸出が大いに伸び、日本で百貨店が開店し、ラジオ放送が始まり、多くの雑誌が創刊された。

1920年代に入ると日本は戦後恐慌、大震災、金融恐慌が続いたが、都市部の中間層が大正デモクラシーを主張し、普通選挙法がなされ、本格的な政党政治がようやく動き出した時代である。今般、世界は21世紀に入り、早くも20年、世界は第4次産業革命に入った。全世界はDX（デジタルトランスフォーメーション。社会を取り巻く市場環境がデジタル化で大変化し、経済活動やビジネスモデルや組織、文化、制度までを大変革していくこと）その国の経済全体の仕組みなるものが変革するように促している。経済産業省でも対応されているが、前世紀、100年前に行った経済社会全体をどう見抜くかを誤ると20世紀の初頭と同じことを繰り返すことになりかねない。

そして2020年になり、世界はコロナウイルスが世界に広がり、世界経済全体が停止し、大恐慌に入り、金融も恐慌の恐れが出てきている。100年前の1年前、1919年春からスペイン風邪のパンデミックの第3波が広がり世界中に膨大な被害を出し、後進国まで含めると約500万人が死亡しているとのことだが、世界経済の大恐慌にばかり話題が進み、放置され、あまり報道されていない。報道自体もまだ世界的に明確な責任がなかった時代なのである。

しかし、2020年、「100年前と同じ現象が世界中に起こった」ということを世界中の人々が意識改革をしなければならない。未熟さ、少ない情報、偏った情報では新しい成長社会の足かせとなるからである。

例えば、日本では明治時代に入り、緊急な西欧化を図り、大敗戦を喫する。そして経済復興を遂げたのであるが、今までのような20世紀型の単なる西欧化の認識では対応できないことを世界中の人々が認識すべきなのだ。

21世紀に入り20年、世界中の人類の生活様式が大きな変革を迎えたことに早く気付き、行動をスピードアップする地域社会が新しい経済成長の担い手になると思われる。100年前と同じパンデミックが起きてしまった。不要不急と言われるが、まずは不要なものには手を出さず、生活に必要なもの、医療、交通、食料、教育に手を出すことである。そして20世紀型の企業本位にならないことである。

21世紀では、消費は顧客本位になることを考えた商品、コト商品を創り出すことである。コラボレーションという言葉があるが、協力するとか支援するとか表現されているが、協力して一緒に働く、話し合いをして、新しい仕事を編み出すと考えたらどうだろう。まず、生活に必要な交通輸送について、コラボレーションすることである。変革された交通機関は世界に通じるものでなければ顧客は振り向いてくれない。世界標準の価値観が問われているのだ。認識しなければならない。

１００年前と同じパンデミックが起こっている。この状態のときだからこそ経済成長するパンデミック対応商品を、これからも必要となる商品として発案し、ＰＤＣＡ[28]しなければならない。

輸送機関として、パンデミック時に最重要な項目は医療、食料、自治、教育項目であるので、世界中の人々が最低限必要な生活項目を整理し、「全項一如」（すべての項目を取り残さないで処理する）輸送する仕組みを発案できるかである。

まずは、輸送機関として、ムダをなくした、インフラ道路、持続可能エネルギー、無人自動運転機等の項目、

①医療項目ではムダをなくした医者、看護師、患者、老人、治療薬、医薬品等、

②食料項目ではロスをなくした主食、総菜、肉類、魚類、調理食、栄養食等、

③コミュニケーション項目ではムダをなくした自治の長、役員、住民、関係者、記録文書等、

④教育項目ではムダをなくした講師、受講者、先人、若者、教材等、

無駄をなくすとはローコスト化することではない。日本ではまだ商人的な要素が強く、経営的理念が古く、世界に追い付いていない。コストを削減すれば、商品の製造販売において、売れれば大丈夫、収益は上がる経営なのである。21世紀経営では、簡単に言うと、コストダウン経営ではダメ。コスト、スピード、品質の3点が同時に実施されなければ、じり貧になり、次第に競争に負けるのである。給料、業者のコストを削減すれば今までと同じように売れ、収益は黒字である古い商売手法なのである。

スピードと品質も同時に関連して上げなければ勝てない、成長しない。スピードも品質

もあると思い込んで抜け出せない。なぜなら、まず生産性を向上させること。次に、技術イノベーションだけでなく、バリューイノベーション、価値創造イノベーションを同時に実装実施しなければならない。世界の経済動向を日本目線だけで見るのではなく、世界地球を俯瞰した目線が必要である。

04 飛行機は無人飛行電動機へ

パンデミックが起こり、世界では石油価格が下がり出し、先物取引では、売り手が支払う取引にしなければならない現象が起こっている。先物取引相場で石油を買えばお金がもらえることになっている。お金をもらっても買わない現象である。石油が余り出した現象である。現象という言葉をなぜ使うのかと言えば、石油価格を単に経済問題だけでなく、他の多くの要素を含んだ、全体的課題として捉えるためである。

貯蔵タンクや船舶に石油が溜まり、輩出しなければ本体機能が劣化してしまう可能性が出てきたのであろう。前時代、工業時代の残存機能、石油輸送船、貯蓄タンク設備等をこれからどう処理してゆくのかを先取りした経営、運営が市民、投資家に委ねられているからなのである。

だが、日本ではまだ情報が空回りさせられ、理解できない現象が起こっているようだ。世界では持続可能なエネルギー生産が上昇し、新エネルギーの付属機器も売買価格が急速に下がっているし、持続可能エネルギー設置コストが既存エネルギーより低くなっているのだ。世界の投資家自身が先読みすれば、負の資源に投資するはずはない。西欧の諸国の市民、投資家はエネルギーによる経済の転換を何度も経験している。木材から石炭、石炭から石油、石油から電気と長い年月、何度も科学戦（科学的論証）だけでなく、投資戦（お金の量による競争）を行い続けてきたのである。取り残されてしまう経済競争を何度も味わっているのである。何を転換し何に投資しなければ大損を被ることを市民、投資家は解かっている。

しかし、日本ではエネルギー転換を自ら行ってきた経験知はない。後追いしてきた経験知のみがあるのである。日本は商いにおいては長い歴史が存在するが、その中で、東洋的感覚が存在するし、儒教的な思考が仏教思想と混在し、為政者による歴史的見解が東洋的に伝えられる傾向が強い。世界でも商いにおいて政治的な動きは存在するのだが、資本主義だけでなく、行政的な民主主義としての競争原理が基本に存在するのだ。

私は台湾に旅行したことがある。中国の蒋介石の霊廟に、民主、倫理、科学の文字があったことが思い出されるが、台湾でもまだ言葉を規定してまだ半世紀、国民や為政者が理解し、実施できるだろうか。日本も科学的に経済的歴史を紐解く経験時間が少ない。混乱する論議が繰り広げられているばかりで、これからの社会における投資性が高い、取りまとめる論議になり、成長要素までを含められた論議になるのであろうか。

西欧型民主主義、資本主義において、経済社会の大変化により、民主主義、資本主義自体が大転換する。このような大転換を国民全体が受け入れなければ、先人たちが犯した大失策をまた再び、我々も行うことになるのではないだろうか。

今の時代、ＩＴ技術的大転換が起こり、アメリカでも、ヨーロッパでも、民主主義、資本主義自体が問い直され出し、変化せざるをえない。世界はそれに乗じて、強権的な国家を目指す国が現れているのである。中国はこのパンデミック混乱に乗じて、今までの歴史文化を裏付けて、中国的強権性を構築しようとしている。このような時点であるので、我々はひるまず、負けてはならない。

輸送機器に興味を持ち働こうとするならば、飛行機がどのようにこの21世紀に変化するのかを先んじて想定しなければならない。自動車と同じようにガソリンを使い続けるのだろうか。小型飛行機のドローン、大型飛行機のオスプレイ等はどうなるのだろうか。全く新しい技術革新は軍事競争で起こっている場合が多い。

技術開発の遅れは、軍の兵器開発の遅れになり、国軍自体の装備の弱体化になり、国際交渉の重要課題であるので、ペンタゴンや米国としての対応として最先端の兵器として飛行機器として開発研究されている。また、攻撃された後の再生を想定した都市再生計画も技術再生も図られている。全く新しい想定をも論議の中に入れることも求められるだろう。

これからの仕事をするためには新しい発想力が必要である。

飛行輸送として、追加して考えておかなければならない点として、燃焼エンジンの点検清掃における残存物である。川や海に流し入れる汚れは20世紀の基準で話されているが、

21世紀の基準を策定しなければ、汚染物質は大気汚染だけでなく、河川汚染、海水汚染と留まることはない。個々人の仕事に対する権利と責任が問われているのである。

05 船舶は水素エネルギー船舶へ。

2020年、日本でLNG火力が問題視されている。日本はLNG（液化天然ガス）の消費量が非常に多い国だ。天然ガスと石炭の消費量が多い国なのだ。発電所の65％が石炭かLNGを使っている。未だに自然エネルギー化しきれずに、化石燃料を使い、世界中から「化石賞」と揶揄されている。しかし、日本では誰もあまり話さない、報道もされない。新型コロナウイルス感染が海上輸送事業に大きな影響を投げかけて、日本の遅れたエネルギー政策のため、未だに船舶で輸送をした石炭かLNGで火力発電をして電力として使用している。

石炭と違いＬＮＧは備蓄には向かない。約2週間しか備蓄できないようなので、輸送船を絶えず運行しなければ、日本の供給電源が絶える恐れがある。ＬＮＧを輸出各国がコロナ対策として、ウイルス検査を実施してしまうと、輸入が不規則になると、発電がスムーズにできなくなる可能性があり、日本の国全体の生産体制、産業全体が崩壊する可能性が出てきた。良い機会として、早急に持続可能エネルギーの分散型を実装すべきである。21世紀に入り20年、これから起こりうるあらゆる被害を想定しエネルギー政策を行うことが当たり前なのだ。あらゆる災害を想定した強靭な産業インフラを構築していくことが大切だ。２０２０年、今年が大きな節目なのかもしれない。

前世紀、20世紀はあらゆるエネルギーを世界中から買い求め、そして自国へ運び、工業化の基に製品化し、世界中に輸送し、販売することが当たり前だった。しかし、自然エネルギー製造原価が化石燃料による製造原価より安価になりつつある時代である。ＥＳＧ投資が盛んになると化石燃料は生産しても誰も買わなくなってしまうので、輸送する船舶を所持し、運航することは、その地域、その国自体の負荷になっていくのである。

スウェーデンのグレタ・トーンベリさんが自国からアメリカへ移動するのに、飛行機や船舶を使用せず、ヨットを使用し、世界中で話題になっていた。船舶による輸送手段において も21世紀における新しい働き方を創り出す資源として捉えたいものである。

船での輸送は人類の長い歴史の中で、古代より使われてきた重要な輸送手段だった。縄文時代から、大陸から島国へ、海岸部から河川上流部まで資材を運ぶことに使用されていた。

弥生時代、古墳時代、奈良、平安と船舶技術が発展し、中国朝鮮と交易を行い、「北前船」等、商船として活動した。

ヨーロッパでも、8世紀後半からバイキングが「ロングシップ」という帆走を使いオールでも漕ぐことができ、水深の浅い河川に侵入し略奪を繰り返した歴史がある。15世紀の大航海時代のベネチアア、ポルトガル、スペインは大型帆船の開発により、アフリカ大陸、アメリカ大陸、インド太平洋へと侵略を繰り広げ、植民地経営を行い、世界へ経済を進ませた。16世紀後半の1588年、イギリスがスペインに「ガレオン船」で「ガレー船」に打ち勝った。「敵船斬りこみ船」から「砲撃船」へと技術開発がされたからである。

イギリスの世界侵略はスペインを超え、世界中に植民地をつくり、大英帝国を巨大化した。18世紀後半、１７７５年アメリカは独立革命戦争を行った。アメリカの13植民地とイギリス帝国との戦いであるが、スペイン帝国、オランダ、フランス王国軍もアメリカ軍側に付き戦った。１７７８年、フランス海軍がチェサピーク湾の海戦でイギリス海軍に勝利し、アメリカとフランス軍がヨークシャーの戦いで勝利し、アメリカが独立戦争を勝利した。

このアメリカ独立革命戦にはアフリカ系解放奴隷も奴隷のままの者も米英軍、両軍に従軍している。また、ミシシッピー川から東にいた先住民族インディアンの大部分も、それまでのアメリカ人開拓者による侵略によって、アメリカ独立側でなく、イギリス帝国側で戦ったのである。当時、ヨーロッパ人による侵略が全世界に広がり、植民地化され宗主国としての国家観が世界を席巻している。帆船の時代、「キャラック船」は3本のマストを持ち､前2本を横帆にして3本目を三角形の縦帆を取り付けていた。17世紀に入り、「キャラック船」を進化させた「ガレオン船」が5本マストにして速度を上げた。イギリスの海賊船として有名なフランシス・ドレイクの「ゴールデン・ハインド」が有名である。

１８０７年クラーモントがハドソン湾で旅客輸送船の開発を行い、外輪と呼ばれる水車状の推進器を付けた蒸気船をつくった。1845年「グレート・ブリテン」が大西洋を横断した。18世紀後半、「グレート・ウエスタン」が大西洋横断定期便として運行された。船体に鉄が用いられ、産業革命の始まりである。

1853年ペリー来航以来、日本では、1890年（明治23年）に鋼船「筑紫川丸」ができた。1898年（明治31年）に鋼船の大型客船船「常陸丸」が日本でつくられた。2018年の調査によると、世界中でFV（水素燃料電池）による船舶の開発がなされている。液体水素を燃料とする大型クルーズ船の開発も進んでいる。日本のトヨタは2017年からFV船「エナジー・オフザーバー号」で世界一周を行っている。

第 7 章

世界的な
中産階級の
放置責任。

今までの社会で話されてきた内容で放置されてきた課題が、中産階級、つまり普通の市民、一般の生活者の立場で話されていない点が多いことである。一方では、自由資本主義の世界で話されてきた歴史は競争が起こるのだから、自由競争に打ち勝った資本家が、投資家が、競争社会の中でどのように行動しようと自由であるとされ、もう一方では、国民のため、労働者のため、困窮層のために一般の競争社会では勝ちようがない労働者側の立場に立った考え方が必要だとされている。

2012年、アメリカで中産階級の崩壊が起こり、格差社会が広がっている。中産階級が貧困階級と同じレベルになってしまったとされる論争が始まった。中間所得者、一般所得者の数の減少、労働者の切り捨て、解雇が問題だという論争が続いている。

論理が、超低所得層と超高所得層との論理展開だけを社会全体、産官学、ジャーナルが行っているようだ。産業分野、官僚分野、学研分野，公ジャーナル分野での言葉の社会で、ガバメントとガバナンス、ビオクラート(29)とシビル・サーバント(30)、スタディとラーニングの言葉の意味合いが曖昧だが、一方的な所得階層にのみ話が進み、一般市民、中間所得者層の拡充に話が進まないようだ。太平洋戦争以後に話され出した、支援、援助論理を今でも同じ範囲、レベルで論理立てているのだが、識者全体が戦後時代の用語を使い社会全体に混乱を起こしているが責任が問えない習慣が存在するので、先進国が貧困国を支援、援助しなければならないという論法に進んでいる。

国際連合諸国でも世界の貧困層を支援援助しようと論争をしている。現在でも、世界は強権者と弱者とに別れた論法になって展開している。高資産階級対低資産階級論法で終始し、地球市民の大部分である中産階級の論法になっていないと思われる。中間所得者は暴力や強い弁論を使おうとしない。できるだけあらゆる物事を受け入れる体制を引いてきたのである。

今はＡＩやＩＴ化が進み、世界が素早く繋がるようになり地球市民全体が一つとなって、強権者と弱者論法にならず、いかに世界人口の大部分の普通の一般市民に対して、どう対処するかが問われる時代である。

しかし、世界のすべての国々の教育全体もまだそのような教育を一般市民にしようとはしていない。長い歴史の中で、為政者は自分の地位のために都合の良いことを行う傾向が強いのである。

西欧の歴史の中で、８００年から１０５０年代、西ヨーロッパ海岸を侵略したスカンジナビア、バルト海岸地域の武装船団を指すバイキングが存在するが、彼らは北方系ゲルマン人で、ゲルマン民族移動時代に西ヨーロッパに南下していた。9世紀に入り、侵略などを活発化させていた。ヨーロッパの生活様式と思想、自由主義はバイキングのイデオロギーから影響を受けている。

一般的なイメージでは海賊や略奪、植民のイメージが強いが、実際は略奪経済を生業としていたのではなく、入植地では農民であり漁民であった。また、バイキングたちの収入の大部分は交易によるもであったとされる。

ヨーロッパ人の中で「自由」という言葉あるが、そこにはfreedom、解放された、気ままな自由と、liberty、権利、特権、勝手な自由があり、liberal democracy、自由民主主義として自由が使われている。ヨーロッパ人の中の自由とは、新しい地域に進出する、新天地を　開拓する、侵略する、という自由が存在したようだ。

西欧諸国は近世に入っても、スペイン、ポルトガル、イギリス、アメリカと世界中を侵略する行動をとってきたのであるが、これからは地球星の中間所得層、共通の一般市民として、戦いや暴力、威圧的な強い弁論を使おうとせず、できるだけあらゆる物事を受け入れる考えが必要である。そして、あらゆる困難に立ち向かう自由が必要な時代である。人間には前世紀のような未開拓地は既にない。限られた地球資源に限定されて成長する産業に取り組まなければならない時代である。

01 今まで通りの古い制度での施策の歪み。

我々はこれまでに資本主義の競争をして、大量生産、大量消費を旨として、利益を産出してきた。しかし、社会は21世紀に入り、第４次産業革命が起こり消費者構造も変わり、産業構造が１８０度、真逆に変化して20年が経ってしまった。社会のシステム、制度が古くなって、新しくすべての仕組み、システム、制度を生活に合わせて変えることを行う時期にある。行うには膨大なコストと、あらゆる人々の意識改革と、すべての分野での試行錯誤が必要になっているが、誰もが放置しているのが現在の日本社会である。世界現象である。刷り込まれた日本現象なのである。日本の本来の姿ではない。

構造変革は簡単にはできないものであるが、世界的な歴史ある制度でも、自分たちの生活文化に合わせたものとして、つくり直さねばならない。安易な手前勝手な制度では世界の競争に負け、支援、援助してもらい文化になってしまう。競争に参加せず、支援してもらうほど楽なものはないので、だいたいの人間は溺れてしまう。

しかし、人間は太古の昔から動物として自分を持ち、自分の判断でなくしては自然の中では生きてこられなかったのである。生活し、村落をつくり、村で生活のためには自分の意志がどれほど大切なものかは、生物として父母から、祖母、祖父から、受け継がれてきた。威圧に屈したり、戦いに終始したり、腐敗から抜け出すには、各々の自分の意志が重要であることが歴史なのである。

アドボカシー（advocacy）。政治的、経済的、社会的なシステムや制度における決定に支持、そして、表明する個人、グループ活動）という言葉がある。このような個人、自分の意志が問われているのである。世界は大きく変化して、テクノロジーとソサイエティ、つまりデジタル技術の進化と社会的価値観の変化は政治的要素、経済的要素、社会的要素を同時に含めたシステムや制度づくりを要求しているのである。既得権者や為政者は自らに利益のために話を進める術を使いがちである。そこに中産階級や一般市民のためという言葉が出てこないで、古い今までのシステム、制度での論理展開に終始することにして、自からの利のみに終始する傾向にある。中間階級層は皆そのことに気付かなくてならない。

新しい世界はシステム、制度そのものに対して「つかう責任」「つくる責任」を同時に問う世紀の始まりである。ディスラプション（disruption。破壊的イノベーション）がグローバルな産業構造の変革と経済成長の大きな核の一つになることは疑いない。世界は我々が経験したことがない世界へ突入した。全く新しい、目に見えない便益が膨大に産出される時代なのである。我々自身が冷静に、スムーズにルールやシステムや制度を世界の大部分の中産階級のために変えなければならないのだが、誰も関わろうとしない。

アドボカシー活動を行うことが21世紀の人間として当たり前なのである。これからの人としての責任である。時代はその取扱いルールやシステムや制度そのものを「つかう責任」、「つくる責任」として地球全体の一般中産階級の人々が負うことを求めているし、利害関係者全員が新しい人としての責任を身に付けなければ、競争に劣後することになってしまう。

日本では、大和（ヤマト）という国名は約700年代に言われ出した。その以前は倭国（ワのクニ）と言われていた。また、その以前は奴国（ナのクニ）と言われていた。倭人は文字を持たない言葉だけの文化風習を持ち、山、川、海の大自然の中で日の出を拝み、言葉で和（ワ）を以て貴きとしていた民族である。大陸の国が滅びるとその負けた国々の渡来人たちが（ナ）に侵略して来たと思われる。東の太陽、朝日（ヒ）、日の出を拝し、和（ワ）を旨としてきた民族であるので渡来人たちとの戦いはせず、和（ワ）していたが、渡来人同士の戦いが頻繁に起こり、倭国（ワのクニ）中が内乱に陥り、倭人たちも引き込まれ、200年の間戦いが続いた。卑弥呼が内乱を収めたが、また200年の間戦いが続き、全土に戦いが広がり、飛鳥の地が倭国（ワのクニ）となった。それでも渡来人である蘇我氏は朝日（ヒ）を拝し、政（マツリゴト）をしていた。倭人たちも大阪湾の南東の方向に、奈良盆地の南東の方向に都市づくりを行って、倭（ワ）の古来の文化を守ろうとした。しかし、渡来人たち、藤原氏は中華思想の最たる北向き都市を藤原京、平城京、平安京とつくって、大陸に劣後する行動を行ったのである。倭（ワ）には北向きを尊厳とする思想はなかったのである。

倭国（ワのクニ）そのものには自己を持ち、話し合いを尊ぶ民族であった。諸々の要素を出し合い、つかう責任、つくる責任を担う百姓（おおみたから）の人々である。

ディスラプションが起こり、消費者自身の構造態勢が大きく変わった時代、世界に通じる新しい制度をつくり、世界中の中産階級の人々に発信したいものである。

02 世界市民の豊かな生活。

2010年から2012年にかけて、アラブ世界に発生した大規模な反政府デモがある。アラブの春である。チュニジアのジャスミン運動から始まり、北アフリカ社会、中東社会、ヨーロッパ社会、アジア社会、アフリカ社会、北米社会、南米社会へと広まった。

ソ連崩壊で社会主義国家が潰れ、経済的にもバブル崩壊が一段落し、民主主義自体が世界中に認知され、民主主義国家が世界中に広がる雰囲気が立ち上がった。

しかし、世界共通の市民による民主主義運動はその国々の統制体制により、武力で鎮圧され、軍事国家化された国々が多く誕生した。今でもその国々の状況はあまり報道できないようだ。世界の国々には色々の民族、部族、文化習慣があるのだが、市民としての民主主義化は可能ではないかと世界中の誰もが思っていた。しかし、どの国も自国だけでは民主化するにはほど遠いことがわかった。

強制政治がまだまだ蔓延っていることに世界中の市民が落胆した。しかし、時代は変わった。その自国民、民族自体だけの文化風習だけでこの地球を勝手に歩きまわる時代は終わったのである。

地球全体の安定を維持する責任がどの民族もどんな国家にもある世紀に入ったことを自覚し、学ばなければ、地球は崩壊する時代なのである。安直な判断では取り返しがつかない、元には戻らない世紀へ入ったのだ。気候汚濁が進み、温暖化が進み、元の地球環境に戻られない事態なのである。

世界中の市民は競争資本主義の社会で、豊かな生活とは何かを自問しなければならない時代である。強権社会ではなく、格差社会ではなく、中間所得層社会における豊かな生活を探り当てる世紀である。生物としての豊かさとは地球環境を守ることであり、自然環境を元に戻すことである。工業化科学化に伴って汚染してきなすべての物質を廃棄洗浄しなければならない世紀なのである。

自然とは山、川、海、陸、空気、地球全体である。自然の生き物も元に戻すことである。水を扱うにもできるだけ自然に戻し、浄水路、中水路、下水路を人がその美しさや香りや水の味を楽しみ、飲み水、自然水、田畑に流す水として利用し、自然に動植物を増やし、人々が楽しむことである。豊か森林の中での生活は何にもまして豊かな楽しみである。

食物をつくるにも適切に体を動かし、将来世代へ伝え楽しむことである。食べ物をつくるにも「つくる責任」、「つかう責任」が問われているのである。楽しむためには人々に迷惑や負荷をかけない工夫が必要だ。そして、食べ物のロスをなくし、すべての国々の人が安定的に食することができる仕組み制度をつくり、人生、生涯のライフスタイルを楽しむことである。

30年後の地球上には現在の人口は74億人から96億人の人口に達すると見られている。食料をつくるにも、どのような仕組み制度でつくり、どのように維持管理するかも、それぞれの住民のアドボカシーが問われるのである。世界的な話し合いが必要になっているのだ。食料をつくるには農業、漁業、牧畜業等があるが、単なる大規模化では解決できない課題が山積している。その地域、地域での試行錯誤が行わなければならない。30年後を見据えた解決策をアドボカシーとして、住民全体の行動が必要になっている。

現在、食品ロスが世界中で大量に廃棄されている。世界中には食べ物も十分ではない、飢餓生活を送っている人たちも多い。生産の場、加工の場、輸送の場、販売の場、生活の場等で大量に廃棄処分されている。資本主義の基盤に戻って再構築されなければ、解決できない課題であるが、最近ようやくその課題に挑戦する動きが出てきている。

しかし、大部分の人々は気にも留めない。古い前世紀につくったルールで対処し、新しい試みは困難が付きまとう、試行錯誤が終わって、ハッキリとしたものとしたら、採用しよう論法に終始しているようだ。

新しい課題に行動が伴わない論法に日本は入り込み、何故か儒教的思考に陥って、安定しているから安心症候群でいるようだ。ヨーロッパでも、ブルータスみたいな人が増えだし、金満資本主義(31)でもらいを振るい出している。民主主義共和国、資本主義を世界の長い歴史から問い直し、学び直ししなければならない世紀である。

03 女性参加の自治の確立。

まず西暦250年、倭国において歴史書に登場する人物は女性、卑弥呼である。その頃は倭国には文字がなく、言葉だけで豊かな生活をおくっていた民族だったようだが、国乱れて200年が経ち、元に戻って巫女が立ち、ようやく安定したとされる。その当時は音のみで複雑な社会を生活していた。西暦590年、聖徳太子の時代でも倭文字はなかった。聖徳太子が仏教の書物である仏典の解説を倭国音として文字化し、民衆に広めようとしたのだ。倭の音を文字に直し出した法華義疏が現存している。それまでは倭人は誰も文字を必要とは感じていなかったのではないだろうか。

卑弥呼は王として神事（シンジ）政（マツリゴト）を成し、弟が政務（セイム）をなしていたとされる。聖徳太子も推古天皇が政（マツリゴト）をして、弟の聖徳太子が政務（セイム）をなしていたとされる。同じ形態である。まだ文字もない記録もない時代で、同じ政（マツリゴト）、同じ行為（コウイ）をなしていたのである。

また、西暦645年に即位したのが皇極天皇、女帝である。西暦593年、推古天皇から6代の女性が即位して、8代の天皇が女性であったとされる。皇極天皇、孝謙天皇、斉明天皇は同一の天皇、女帝とされる。はっきりと男性が男性に譲位したのは西暦724年、聖武天皇になってからである。つまり、倭国の古代には女帝が何代にもわたり、政（マツリゴト）をしていたのである。8世紀になり中国的な北向き文化、皇帝文化が倭国に持ち込まれ、男性だけが譲位されるようになったようだ。倭国では他の国と違い女性が男性に対して同等以上に権威を持ち、治めていたのではないだろうか。また、他国と大きく異なる点は八百万神々の国である。一神教ではない。無数の神々が存在する国なのである。多くのアラ人神々が存在していたのである。

日本は古代から、様々なものを受け入れてきた文化文明の国である。諸外国の人々から自分たちとは異なる考え方を有する東の果ての民族だと考えられていることを知っているだろうか。

そして、江戸時代の代官屋敷、各藩のお城、庄屋の家屋の敷地図を見ると面白いものが出てくる。現場を歩き回ると、大奥からすべての部署が見渡せるように設計されている。つまり、奥様がその国々の行事を仕切っていたようである。その家の殿様は戦いに行くか、働きに行くか、様々であるが、その地域の主である男性はいない。だから、民事裁判、刑事裁判、地域の教育全般、すべての会議、宴会、食事、記録をすべて、女性、つまり奥様、大奥様が仕切っていたのである。しかし、男性を立て、旦那様の仕事として一般社会に通達していたのだ。

つまり、古代からあまり変わらず、女性の出来次第で、兵站の良し悪しが重要だったのだ。村国に恵みが現れることは皆々、兵隊であろうと、兆民（オオミタカラ）、すべての住民はわかっていたのだ。

倭国はそのような歴史を有する国なのに、最近は女性が北向きの宮廷化、儒教化している向きが強い。

21世紀、新しい世紀は雇用形態も変わり、富の集中も変化しだしている時代なのであるが、女性が宮廷文化の映画に溺れ、人間社会を脅かすものに対して倭国独自の文化を広げ育てようとしない。

倭の国はそもそも女性あっての国なのである。できた女性が子供の教育からすべてこなしていた文化なのである。古来から受け継いだ文化を持つ女性たちが動かなければ、この倭国は滅んでしまう。男たちを励まして、服従して守るのではなく、「自己発見と自己実現の冒険の旅へ出なさい」と旅立たせる女性が必要な時代である。

最近、選挙の投票に行く人が少ないようだ。若者も少なく、女性も同じように少ないようだ。古来より、自己を持つことを母たち、祖母たちは子供たち、孫たちに伝え導いてきた。時代は女性も投票に行き、自己を示す仕草を子供や孫たちや男たちに見せてほしい。議員になることも過半数を女性が持たなければ、自己を持つ将来世代は増えてこない。

04 世界で行われている支援金、イベント運営の見直し。

20世紀、第2次世界大戦が終わり、安定した国々をつくろうと新しく国際連合ができた。後進国には支援金を送れば、それぞれの国々でインフラ整備や経済活動に使ってもらえる。世界の経済活動が活発になるとした目的で行われたが、その各国への支援金やイベント費用などは各国の為政者や既得権者が使用する弊害が山積みされているし、21世紀に入っても放置されている。自己利益と社会的利益の境目が曖昧になり、民主主義資本主義という新しい時代に入れば改革しなければならないのであるが、勝手なツールを使い、資本家、強権家、政治家が自利のみに経済を動かす現象が起こっている。

今世紀、21世紀では技術経済的にはDX（デジタルトランスフォーメーション）の時代でもある。課題が幾重にも重なって複雑さを一層増しているのだ。

そんな中で世界中の人々、すべての市民が安定して平和に豊かに生活するかが問われている。

ヨーロッパでは「ボーダーレス＝自由」と「ボーダーフル＝ボーダーコンシャス＝民主」、この二つの概念のアウトヘーベン＝止揚こそ、ＥＵ＝欧州連合の挑戦である。ヨーロッパは自由であり、住民主体の統治をいかに行うかを実施して来た国々である。ＥＵ諸国はギリシャ、ローマ時代から民主主義資本主義の長い歴史の中で、培ってきた知恵が存在する。だが、長い歴史の中で現地民族との侵略戦闘をしてきた歴史も存在する。今世紀は21世紀、今までと同じ行動では狭い地球環境は維持できない複雑な社会が始まっている。

アメリカも自由民主主義のための独立戦争を行い、世界で最初の共和制国家を実現した国である。独立宣言を行い、合衆国憲法で自由と平等と民主主義の原則を明確にし、市民社会を実現させた国である。だが、アメリカ自身も現地民族との戦いを行い、さらに世界に占有地をつくってきた。今世紀に入り、巨大な資本による市場競争は激化し続け、巨大な資産家による無秩序な金融化は民主的な経済そのものを混迷に導いてしまっている。

そして、中国は全世界が民主的市場経済で新たな展開を試行錯誤し、解決策を志向しなければならない世紀に、中国共産党は常に正しい、間違いは侵さないという一党独裁制を世界の経済に持ち込もうとしている。一帯一路計画を中国主導で世界に広めようとしている。民主主義国家でも、為政者は長期な業務に癒着し、大きな弊害を生んできたのが民主資本主義の歴史がある。中国だけが異なるという理論は成り立たない。そして、アジアには巨大帝国に従順を示してきた歴史も存在する。現にアジア、世界の一部には従う国家が存在するようだ。

このように、今世紀に入り、この地球経済の複雑さは格段と増している。民主的に自由市場経済を維持する新たな段階に入ったのである。第２次世界大戦後、中国は支援金により現在のようなＧＤＰが世界で第２位になった。今までのような支援金では第二の強権資本主義が取り留めもなく出てくることになる。世界中の国々の人々が平等にルール化を進めなければ、21世紀の諸課題を解決することは困難である。単にアフリカの少数民族の貧困部族の国々に、今までのようなバラマキ支援金を行っても混乱だけが増幅される。

このような貧困、後進国にでも民主主義、資本主義の責任を明確に伝えなければならないし、21世紀の新たな豊かな経済論をすべての地域、すべての国々が指向し、実践する世紀に突入したのである。

アフリカ諸国や中東諸国やアジアの後進国であろうと、その国々に支援する場合、基本はコミュニケーションである。自由民主主義、資本主義「教育」である。伝えることにより、自由民主主義、資本主義は個々人の責任の上に成り立っている。その上に市場競争が存在する。誰も取り残さずにすべての人々に伝えなければならない。女性であろうと子供であろうと。世界の諸課題の解決行動に参加関係しなければ支援はされない時代である。

２０２０年は東京オリンピックが延期されたが、オリンピックやスポーツ等の国際的なイベントも、課題が山済みされている。１９８４年、ロスアンゼルスオリンピックにおける運営資金と収益資金、募集支援資金との関係が不明瞭にならないために思考試案がアメリカでなされた。イベントとして世界中でコミュニケーションをとっているとしながら、世界中の貧困や格差社会は広がるばかりである。

第Ⅱ部

モノづくりから第4次産業革命へ。

物をつくって売れた時代は終わった。物はつくりすぎて、余っても、消費者に行き渡らずに、処分される。処分される費用は今の市場経済では表示されない仕組みになって、将来世代へこの市場経済の費用を回し続けている。全世界が前時代の仕組みで超高額資産家や既得権者が高収入を得る仕組みになっている。

しかし、世界中に出回る情報は整理されず、捏造された情報（フェイクニュース）が既得権者の古い権利を用いて拡散させられ、正しい重要な情報にも揶揄する情報 mock news「マークニュース」(32)が意図的に付けられて、混乱する情報社会に陥っている新しい時代の初期段階なのである。

物を大量につくっても消費者は買ってくれない社会の始まりである。

大量に同じ物を買う消費者は途上国でも少なくなる時代の始まりだ。物ではなくなり、「モノゴト」が商品の始まりである。コトとは自己を表すコトガラ、自己を表す模様。つまりモノだけではなく、オノレを表す色々なコトガラ、つまり言葉、文章、概念、信念、マーク、ロゴ、「見えない価値」等が付いている事柄である。

第 8 章

工業社会からの脱却。

現在の日本の企業の大部分は戦後、戦前から引き継いだ工業化事業の発展を遂げた企業団である。工業時代末期、高度経済成長を成し遂げた成功体験は輝かしいが、技術論から言うと、工業化技術の兵器、戦艦、航空機、兵站組織技術者が戦後の起業家たちだった。

アメリカの占領軍が駐屯している日本で開発された工業化技術で発展した工業型産業の発展を遂げたのである。20世紀末期にはデジタル化や情報化が日本に取り入れられ発達したが、開発された技術の大部分はアメリカで開発されたのである。技術を取り入れ企業化され、大規模化されたが、新しく発展、全く新しく開発させる企業は存在できなかった。

さらに、時代は21世紀に入り、第4次産業革命、デジタル・デイスラプションに入ったが、日本ではまだ参入企業は存在しない。何故だろう。

日本では全く新しい産業技術での開発経験がなく、新しく開発された技術を効果もはっきりしないものは良しとしない風潮が存在する。効果が出て収益がはっきりしたことのみ、評価を下すので、全く新しく開発された技術でも、その企業組織ではできない問題を列記して、頓挫させる文化が存在する。見えない先の世界には進まない。全く新しい技術科学開発ができない風潮がある。工業化時代の成功体験では測りようがないのに、裁断する組織となっている。

21世紀、今の時代には工業化時代の評価では測り知れない時代に入った。脱却するには、欧米の技術経済社会の良さを学び取り、自己、責任、行動の重要さを明確にし、日本の歴史文化社会の良さをも学び取らなくてはならない時代で、つまり、教育改革、意識改革が日本に必要な時代である。

コロナウイルス感染によるパンデミックが厳しさを増しているが、この大逆転の時代だからこそ、日本はこの制限された世界で新しく、全く新たな産業を開発し、成長させる産業社会を提案、実施する絶好のチャンスである。

01 停滞産業と金融政策の迷路。

日本に住居する人々、若者、女性があまり知らないことがある。知りたがらないことで、見ない、聞かない、言わないことである。

1989年4月と2019年4月の企業における時価総額の世界ランキングは興味深い。1989年4月にはランキングの50位以内に日本の企業は32社が存在したが、2019年4月には1社のみである。戦後世界の成長を牽引する企業として、日本の企業が32社も世界のトップランナーとして、走っていたのである。

その頃私は毎日新聞広告社を独立してちょうど創業10年目で、アメリカのカリフォルニアアーモンド会社に何度も渡米し、アメリカ人が日本人に対して対等の立場で対応してくれた経験を有している。しかし、この30年間に次第に対応が低くなり、対応されなくなり、蔑視された経験も持っている。

中国、東南アジアでも同じような対応が悪化した経験を一個人として有している。何とも言い難い物事である。

現在はトヨタ自動車だけが残ったが、これからはわからない時代である。日本企業組織全体が減退しているし、日本企業が資本主義の経済資本自体の知、つまり貯蓄、投資、資本と人間との関係が経済学的にあまりにも貧弱であるからだ。令和の時代になり、どうなっていくのだろうか。世界経済をリードする企業を日本の若者が起業するだろうか。あの頃は世界に向けて冒険心の真っただ中、世界と対等な交渉ができ、色々な情報がアナログで入ってきた。しかし、最近は誰も見ない、聞かない、言わない現象が顕著である。これからの日本の若者が起業し、世界の時価総額ランリングの50位以内にどれ程参入できるのであろうか。

日本に足らないのはそれだけではなく、ヨーロッパの長い経済経営の歴史の中で経済知を世界中から集めたり、国や国民に配布したり、試行錯誤の歴史が蓄積されている歴史がヨーロッパにはある。ヨーロッパ経済学の一部だけをその場しのぎで、勝手に判断し、素早く取り纏め、すべてを含んでいると言い放った経済学者が日本にはあまりにも多いようだ。この30年間、日本経済は停滞を重ね続けてきたことに意識があまりにもない。経済は変形を重ね、今日あることにあまりに意識がない。

これからの時代、「国民の生存」に必須な経済活動とは何だろうと問い直す時代であるのに、エネルギー転換もできず、化石燃料の削減を目標に立てて、笑顔で対応する専門家が多い。

経済成長を妨げていることに気付かない、自己がない。経済社会とは人々への不正や公正、公平や有用の範囲が変化しているのである。新しく規定を決める仕組みをつくる時代である。

アメリカで第2次大戦後行ってきた経済ルールが、ソ連崩壊で世界の社会構造が大きく変化し、いつの間にか世界の金融政策が大きく変化したが、ボルカー氏が変化の行き過ぎを正したが、いつの間にか元に戻り、現在に至っている。『ショック・ドクトリン』(大惨事便乗型資本主義)[33]が横行し、資本の操り人形である資本家が羞恥心などみじんもない世界になったである。

2020年のオックスファムリポートによれば、世界の10億ドル長者の2153人分の富は46億人(世界の下位6割)の合計より多いとのことだ。また、上位1%(7600万人)の金持ちは下位9割(69億人)を合わせた富の2倍以上を保有しているとのことである。

世界の経済社会が経済の基本課題を放置しようとしたときに、日本の若者たちはどれだけ立ち上がれるだろうか。それらのものに隷属する生活を送るのであろうか。

倭（ワ）の民にはそのような百姓（オオミタカラ）、兆民（オオミタカラ）はいない。元々、長らく、日本には民衆の中で和（ワ）により、争う行動をしない文化様式を持っていたし、女性が神託をうかがう役目を持ち、子孫繁栄を願い、和するようにしていたのが和（ワ）の民である。

日本の長い歴史から覗えるのは、倭のできた女性（神が覗える子）の物語のようだ。縄文時代から神は朝日、日の出の位置で四季を判断し、方位を見計らうことを民民（オオミタカラ）、万民（オオミタカラ）に伝えて、豊かな実りを与えていたようだ。

02 経営者所得の偏重。

社員、市民、住民はつまり民。大昔、民を運営する者にとって、民が生き抜くためには、まず食物を様々に豊富に確保することが求められた。獣狩りで獣（けもの）を射止め食物にした。そして、食物を栽培するために村ができ、運営された。栽培する植物により、より安定する場所を探し求め移動したようだ。稲も栽培するようになれば、さらに川の水の采配次第で豊作になるか、不作になるかが大きく変わるので、調整運営が必要になる。さらに稲作が広範囲になれば、村人同士の話し合いが必要になり、村民全体で運営された。村々にはそれぞれに鎮守さんがあり、そこで話し合いがなされていた。

稲作がさらに進み、蓄積は富の差を生み、大陸から渡ってきた人々により、武力闘争が当たり前になり、国々が乱れた。稲作に関連した武力化が大陸から渡ってきたので、多くの戦乱が引き起こされ、動乱を招いた。しかし、朝日を見届ける女性、朝日御子（ヒミコ）、卑弥呼（ヒミコ）が現れ、治まったとされる。もともと日本には和合することが文化風習に存在したのである。

第2次大戦後、経済の動乱期でも、日本のどの村々の鎮守さんも広範囲にお祭りを行い、和合して、そして田んぼに水を引き、川魚を数多く入れ、子供たちを楽しく遊ばせていたのが当たり前であった。村々でマネジメント運営管理されていた文化が存在した。

しかし、工業産業化という名目で、当時の稲作文化がなきものにされ、工業生産と同じように、大量生産、大量消費の農業へ変形してしまった。近代化と言われ、工業化が未だに続き、今でも、農業現場で作物の廃棄が盛んに行われて、世界中に飢餓状態の人々を放置しても、何とも思わない経済になってしまっている。日本に大昔から存在した和合する文化風習を忘れてしまっているようだ。

技術が急速に発展し、人間ができる範囲が大きく広がった。その便益を自らの住民だけのものでなく世界中の住民に配布することが可能になったのであるが、農業経営者、工業経営者、経営者が所得を偏重しているので、課題が山積みされ放置されている。

世界は一般中小企業経営者でも、個人経営者でも社会的責任、環境的責任を取らなければならない時代で、経営者が自利、つまり自己の利益のみを目指すことは悪である。21世紀、経営者は利益を上げるだけ、自利のみの起業などとんでもないことなのだ。また、雇われ従業員も経営者と同じように社会的責任、環境的責任を負わなければならない。つまり、すべての利害関係者が等しく責任を問われる社会なのである。

このようなことはＩＳＯ２６０００[34]に表示されている。２０１０年11月1日に国際標準機構が発行した国際規格である。

CSR（corporate social responsibility）では社会的責任とは、組織活動が社会及び環境に及ぼす影響に対して組織が担う責任のことを言う。様々な組織が持続可能な社会への貢献に責任があると考える。企業だけの問題ではなく、組織活動する全般に求められるものである。①説明責任、②透明性、③倫理、④利害関係者、地域の住民までを含む、⑤法の支配、各国の法令を尊重し順守、⑥国際行動規範、⑦人権の尊重、この7つの原則がある。そして、組織と利害関係者との間での対話の機会をつくる活動が目的とされているし、また、この社会的責任を関する目的を達成することに専念する組織活動することが世界で共通事項とされている。

3・1　組織統治

ガバナンス（統治）であって、ガバメント（統制）ではないことが重要である。住民なり、下部組織員の一人ひとりが意思決定に関わって意思決定がなされている。

外部の利害関係者と内部の従業員とのコミュニケーションを図り、説明責任と透明性を伴った意思決定を行い、統率された行動も伴わなければならないことが基盤である。

企業の製品やサービス、小学校の教育、病院の医療等もその範囲に入るのである。

３・２　人権

すべての人、世界中の人類に与えられた基本的権利で、一つ目は市民的及び政治的権利。二つ目が経済的・社会的及び文化的権利である。すべての人は平等に扱われ、自由に思ったことを表現し、働き、食べ、医療、教育を受け、安全に生活する基本的な権利を持っている、人権を守るためには個人も組織も両方の認識と行動が重要。性別、年齢、人種、出身地、障害の有無等差別を付けない社会をつくることが求められ、直接的でなく、間接的に人権侵害を招く環境づくりに協力したり、加担したりしていないかを確認し、改善される仕組みをつくることが重要である。

３・３　労働慣行

組織と従業員との関係だけでなく、派遣労働や委託先労働なども含まれる。労働は商品ではない。１９４４年国際労働機関（ＩＬＯ）フィラデルフィア宣言という基本原則のもと、公平な労働機会を確保し、公正かつ労働者の安全と健康に配慮し、政府、雇用者、労働者の代表者間の交渉、協議、情報交換などの社会的会話の重要性を認識することが求められている。そして、社会は大きく発展し、世界的な国際金融運用が標準化し、社会的にルール化が急速に重要さを増している。商取引を行う場合の従業員と経営者の行動責任についても変化ができている。

例えばコーポレート・ガバナンスコード[35]、スチュワードシップ・コード[36]、フューデューシャリー・デューティ[37]、フェア・ディスクロージャー[38]等、単純な肉体労働のみの働く人とは異なる労働者としての自覚が必要になった時代である。

3・4　環境

現代社会は、天然資源の枯渇、汚染、気候変動、生態系の崩壊等様々な環境問題に直面している。すべての組織は、規模に関わらず、環境に影響を与えている。新たな社会世紀に入ったので、工業化時代の影響基準ではなく、新世紀の環境基準を早く創り込み、行動しなければならない時代である。遅れた基準をいつまでも使っていれば、環境問題にさらに負荷をかけ、取り返しがつかない禍根を残すことになる。あらゆる組織は環境に対して責任を持ち、法律、規制の順守に加えて、組織はそれぞれの活動が引き起こす影響に対して、真剣に向き合わなければならない。組織活動により環境に対して影響を与えた場合、そのコストを組織が負担する覚悟が必要である。

人間世界に必要な大気、水、土壌である。その汚染の目標は0であることの意味を知るべきである。生物の多様性が少なくなり、自然生息地が少なくなっている責任を各組織が担うべきである。

3・5　公正な事業慣行

他の組織との関わり合いにおいて、自らの組織が倫理を尽くして行動をとることが基本である。組織が不正によって、不当な利益を得た場合、組織として責任を果たしたとは言えない。公正な事業慣行として、汚職防止、責任ある政治関与、公正な競争、バリューチェーンにおける社会的責任の推進、そして需要者側の財産権の尊重等が挙げられる。

すべての組織の事業推進に倫理が問われている。基準が古い基準ではなく、時代に合わせなければ、阻害行動になる。

3・6　消費者課題

消費者に害を与えないこと。今日本で曖昧なことが横行し、不正確な宣伝、広報により、消費者に不利になることや、安全性に欠ける商品を消費者に販売、提供していることである。自らの組織が提供する製品、商品、サービスに責任を持ち、消費者、住民に危害を及ぼさないことが重要である。また、消費者自身が社会に悪影響を及ぼすことがないようにも務めるべきである。

消費者自身が環境汚染を出さないよう、そして社会に悪影響を与えないようにすることが重要である。それぞれの組織が自らの組織のことだけを考えず、組織と消費者との双方が社会に悪影響を与えないように、消費活動を行っていくことが大切だ。21世紀、情報化の時代、消費者データの保護、プライバシーを守ることが消費者、消費活動を活性化するために必要事項である。

3・7　コミュニティへの参画及びコミュニティの発展

どの組織であれ、消費者、個人であれ、コミュニティへの参加、関与、発展への貢献が求められている。21世紀、どの組織であれ、消費者、個人であれ、これからの経済の発展、活性化のために積極的に関与しなければならない。地域住民との対話から、教育・文化の向上や雇用の創出までも、どの企業であれ、どの自治体組織であれ、病院であれ、小学校であれ、求められているのである。コミュニティの発展は雇用創出や技術開発や富、所得の創出、健康、社会的投資に大きな要素になっている。それぞれの組織の存在、特色を生かした自由な貢献が必要な時代だ。個々人の人材評価基準が日本や東洋や後進国では曖昧である。

マネジメント（運営）が「あうんの呼吸」に頼りすぎている。

人材に対する客観的な評価がない。日本型雇用が大きな問題である。基本的な人材の育成にも影響を与え、経済および、日本の社会全体のマネジメントの遅れを来たしている。国際的には一人ひとりの職務が明確で、責任の所在や分担が明確であり、阿吽　（あうん）の呼吸の大部屋での合同作業は行ってはならない。「あうんの呼吸」を意識した判断は、罰せられるべきである。責任がはっきりできず、皆で頭を下げて、その場を誤魔化（ごまか）す術は世界中の人々から蔑（さげす）まれているのだ。

日本の組織全体、公務、企業、病院、学校の各組織が独立王国のようなものなのだ。王国内だけでしか通用しない威圧的行動をして、現状維持にのみ徹している。だから、成長はない。広がりを求めた労働市場は発達しない。教育育成はない。雇用は減少するしかない。世界では大学の職員は一般公募で、定職などなく、生徒が評価するのが当たり前なのだ。21世紀、新しい時代は経営者の所得を優先される運営経営などあってはならないものである。

03 工業化組織体制の転換。

ＵＡＩ（Union Académique Internationale。国際学士院連合）は各国の学士院の連同組

合組織であり、設立は１９１９年である。20世紀の始まりで、日本の学士院は当初から加盟している。事務局はブリュッセルにある。日本学士院は「在外未刊行日本関係資料」という事業を担当している。その中に、第１次世界大戦後の世界秩序創立のために外交官として、また国際法学者として、日本にこの人ありとその英名でうたわれた安達峰一郎（１８６９年〜１９３４年）が存在する。

日本と西洋の交流は、明治開国によって、急速に始められたものではなく、ザビエル以来、深い精神的な交わりをしてきたとして、活動した人である。そのことが「在外未刊行日本関係資料」として、その当時から貴重な資料活動として残されている。

19世紀から20世紀へと世紀が変わろうとしていた頃、世界の人々へ、世界のどこにもない日本の文化や独自性を伝えたいという思いを持った人物が日本には数多く存在していた。その頃ヨーロッパに渡り、日本独自の「日の出る東国」としての国民の誇りを世界に伝えようとした人物も数多く存在する。新渡戸稲造（１８６２年〜１９３３年）しかり、夏目漱石（１８６７年〜１９１６年）等々である。

『武士道』『吾輩は猫である』等の出版物がある。『武士道』は新渡戸稲造が１９００年に日本語でなく、英語で出版した。日本語では、義、勇、仁、礼、誠、志等、道徳観、名誉、自由等を英語で表現し日本の文化教育を示したものである。単なる西欧化よりも、単なる儒教化よりも、誇りを持った生き方を示した。万民が貧しい生活の中でも満足するものがあったのだ。家族の中で教えられ、母から、祖母から養われてきたものを英語で示し、日本の独自性を英文で出版したので、世界中の人々がその英文を翻訳し、世界中の人が愛読し尊敬した人物である。しかし、その本を日本語翻訳した人たちは稲造の思いを翻訳できなかった。明治時代の緊急な欧米化に進む道を紛れ込ませた翻訳にしたのである。

漱石も英国から帰り、日本が単に西欧化し、日本独自の大切な「ものごと」を忘れて生きている大衆に向かって、「吾輩は猫である」と言って、飼いならされた猫であると、どうしようと問い戻さねばならない物事とは何であるかを問い続けたのだ。

日本に米国の蒸気船が現れ、日本の産業経済の遅れを感じ、単に急速な西欧化に走ってしまい、工業化組織づくりに没頭し、もともとあった日本の豊かさを忘れてしまって、西欧化、帝国化に翻弄されて、第2次世界大戦で大敗を喫したのである。

なぜ大敗を喫したのかをもう忘れてしまっている。太平洋戦争後、またもや工業化技術による経済の拡大だけを望み、工業化組織体制をつくり上げてしまった。高度成長はなり、国民総生産でも米国に次ぎ第2位までたどり着いたのであるが、明治以来の工業技術経済では次の時代の経済を創り出す本質を問い直しても、国民全体が目を向けられない現象が起きている。まだ同じ緊急な近代化、工業化、高度成長化では経済成長は絶対に起こらない。明治時代の初年に戻り、江戸時代、戦国時代、室町時代、鎌倉時代、平安時代と、日本が持っている歴史の本質、豊かさを読み解かなければ先へは進めない。

江戸時代には安易な上意下達はなかった。文書や仲介者を通して行われたのである。太平洋戦争で軍隊の中で安易に安直に上意下達を行い大敗したのだ。

未だに工業社会の名残が解けない世代は明治時代からの工業化の繁栄と太平洋戦争後の工業化による繁栄を近代化として捉えて、大敗し、無条件降伏をし、進駐軍に支配されたことを忘れてしまっている。新たな解決策、新たなイノベーションが成り立たないのである。

20世紀の近代化は前近代化であり、21世紀の近代化は今までに人類があまり経験したことがない未近代化を起こさなければならない世紀である。

04 第４次産業革命とは。

「インダストリー４・０」(Industry4.0) とは、２０１３年、ヨーロッパで新しい産業革命が論議され、論文が英語化され、日本語に翻訳されたばかりなので、これからの社会を語るには、不自然、曖昧な表現が含まれる可能性がある。製造業におけるオートメーション化およびデータ化・コンピューター化を目指す昨今の技術的コンセプト(概念)に対して付けられた名称である。

具体的には、サーバーフィジカルシステム(ＣＰＳ)[39]〈メカニズムがコンピューターベースのアルゴリズムによって制御または監視されているシステム〉であり、モノのインターネット(ＩｏＴ)クラウドコンピューティング[40]、コグニティブコンピューティング[41]等が含まれる。

まず、生産工程や流通工程のデジタル化により、生産や流通の自動化、バーチャル化、仮想現実化を大幅に高めることで生産コストと流通コストを減少化し、生産性を向上させることを主眼に置いている。しかし、さらに技術は高まり、生産設備の稼働性高める予知保全なども高まった。さらにＩｏＴ技術で情報を集めるビックデータ、ＡＩによるさらに生産性の向上に向かうことが期待されたが、民主主義、資本主義が機能するであろうと世界中の人々、皆が思っていたが、本来の機能から外れ、利益相反を巧みに使いこなす輩やフェイクニュースや未既定のルールを活用する資産家が増え、社会、世界全体に配布される削減コストが一方的に資産家へ回り、市場主義経済へ変質したので、さらに複雑さを増している。

デジタル技術は発達すればするだけ、機械、デバイス、センサーと人間が相互に接触し、通信を行い、膨大な量の役立つ情報を運営者に提供し、革新や改善からの恩恵が創出されているのだが、市場化、金融化で私物化して、情報を操作し一般社会に出さない傾向が強さを増している。世界中で民主主義としての一市民の自覚が必要なＳＮＳ社会なのかもしれない。

18世紀後半、第１次産業革命が起こった。水力・蒸気機関により人間の手仕事から機械化がなされ、人間の生産の仕方そのものが大きく変革され、人間の生活が大きく変化し、世界中に金銭的に巨大化していった。

20世紀前半、第2次産業革命。電力・科学的管理により、電力開発と統計的手法で効率化が進み、生産性を高める動きが増した。エネルギーとして石油開発がなされ、自動車により、さらなる生活が変化し、超高層マッハッタン化が理想とされ、金融市場が立ち上がった。

1970年代以降、第3次産業革命。コンピューターにより、労働力全体が機械化され、自動化は情報の一元管理と連携をなし、人間のプライバシーや人間の利益相反に対してのルールづくりよりも生産力を高めることに世界中が傾いて、資産獲得競争優先主義化し、世界の住民を放置した動きが増加した。

2015年代以降、第4次産業革命。デジタルはさらに開発され複雑化を増し、IoT等も繋がり、生産性はさらに付加価値を増大させ、新たに最適までもクリアにしなければならなくなっている。これまでは製造業だったが、第4次からは製造の前のサービス業から連なり、次の製造業へ次のサービス業へとまたがり、コスト、納期、個人化、個別化までを対応する最適化が要求される時代である。すなわち、設計、調達、受注などの前工程、生産工程、物流、保守などの後工程も全体最適化し、ビジネスの全工程の最適解を見つけ出し、自動化、自律化ができなければ、競争に負けることになる。

さらに、生活がＣＡＳＥに大きく変化する。コネクテッド、自動化、シェアリング、再電気化の４要素をクリアするには環境インフラまでも含まれた全体最適が早急に求められている。

第 9 章

糧を選ぶ楽しみスキル。

第4次産業革命とは、産業革命自体が今までの産業革命では測りえない膨大な範囲、量におよび、簡単に人間が認識できないものごとになってしまったことによる。だから、人間の本質から紐解き、構成する生活を選べる新たな楽しみ、自由が存在する時代が到来したのである。

しかし、人としての責任も問われる時代でもある。まず、己の理想とする生活するための食を選び、獲得する手段を選び、新たにその様相をデザイン設計することができる世界になった。全く新しい企画を創造することを楽しまず、単に過ごしてしまうことがあっていいのだろうか。新しく人間に与えられた自由社会なのだ。

しかし、自分勝手な自由では役立たない。他者、隣人からの反発を招き、課題が錯乱させられることが明らかである。だから、できるだけ早く世界中にアピールして、環境的責任、社会的責任、世界に向けて便益を提供するデザインエンジニアリングを先に組み立て実行することが求められるのかもしれない。そして、生活の豊かさを探求する自由を謳歌し、楽しむべきである。自らに正直で、他者に簡単に自分の意志をまげず、持論を展開し相手を認め解決策を高めるべきである。

ここではわかりやすくするために、できるだけ短い日本語で話を進め、振り回されないように努めたい。

①環境とは

空気、水、森、山、川、海、草、鳥、魚、獣、そして他の生き物

②社会とは

真実、正義、規範、民、戒、律、法、衣、食、住、立法、司法、行政、経済、世界社会、そして地球社会

③便益とは

糧、利、益、報、豊、儲、得、売上、恩恵、便宜、便利、価値、付加価値、そして無形価値

新発明は社会に大きな恩恵をもたらしたとよく言われる。産業革命は社会に便益をもたらしたとも言われる。市民に新しいサービスが受けられるようになったとも言われる。サービスとは都合よく利益が付いたものと言われる。例えば、高速道路は地域住民に都合がよく利益を配布する可能性があり、便益をもたらせた。それらは目に見えないメリッ

トとして表現された。メリット（便益）が生活環境全般に表出しだしたのであるが、英語、付加価値とかで論理的定義を明確にせず、曖昧にしたままでいる。既得権者や権威者が自らの利に走り、論点を表さない論法に進んだのである。

世界的な現象だが、日本ではさらに長い歴史的東洋的習慣が身に付いた、民主主義や自己責任の曖昧さが増していたのである。自分を洗い流し、取り戻し、この便益を一般市民のものとし、論理展開をしなければ、便益は中間所得者層には配布されず、超高所得層のみが獲得するものになってしまう。権威者たちが空転をしつづけ、世界中がポピュリズム化し、トランプ化、帝国化し、混迷化しているのである。

高度成長時代に「サービスとしてこういうものが付いていますよ」と人々はサービスという言葉に騙された。人々は売る側に利を下げてまでも、多く売ることが可能であると思い込んでしまったのである。実は新しい価値が創り出され、市民皆にタダで配布される便益があったのだ。しかし、30年ほど前から経済成長は減速状態に入り、サービスという見えない価値はそのままに放置され、売り手側である大手企業や組織上の上層部が新しく創出された価値（サービス）を曖昧のまま集団で運用し、見えないモノとして言葉に出さず、伝えず、運営してきたのである。

「目に見えないモノコト」である。目に見えないメリットであるので、便益は会社、行政、国、国際機関、金融、学会、経済の都合で処理されてしまう場合が多いために、一般市民が便益を理解し、コミュニティ（市民団体活動）に参加し、発言することしか解決方法はないので、世界市民すべてが騙されない目を持つことが求められている。

人間生活の基本に戻り、自分自身の自由を満喫して、人間本来の自由の基に、創造力を楽しみとする新しいスキル（技術）を身に付けることである。

01 リベラル・アーツ教育。

「英 liberal arts 」とはギリシャ・ローマ時代の理念的な源流を持ち、ヨーロッパの大学制度において、中世以降、19世紀後半、20世紀まで、人間が持つ必要のある技芸（実践的な知識・学問）の基本とされた自由7科のことでる。自由民と非自由民（奴隷）とに分けられていた古代ギリシャの自由民としての教養を高める教育を学び、身に付けることを目的としたものである。21世紀でも欧米では大学の教養学として2年間は自由民としての教養を身に付ける期間として重要期間としている。また、教授を選ぶのも学生自身が行うものとしての責務としている。なお、日本語の「藝術」という言葉は、明治時代の啓蒙家の西周（にし　あまね。1829年～1897年）によって、リベラル・アートを訳語として造語されたものである。

明治以来、日本は緊急な近代化として西洋の文化や学問を学校で教え、工業化し、戦後、高度成長を成したが、20世紀後半に入り、経済は鈍化し、衰退の一途を辿っている。国民全体の収入は激減している。21世紀、明治以来の教育そのものを考え直す時期に来ている。日本人として確固たるアイデンティティ（国、民族等の特定集団への誇りと帰属意識。特定の個性を持った人、もの）を持って、世界を歩き、発言できる人材を育てることだ。十分な時間を使い、アイデンティティを確立する教育を行い、学問の入り口として、それから自分の専攻を決める自由があることが大事である。

英語の日本語化そのものも時代遅れになっているし、日本語の英語化ももう一度問い直す時代である。自分たちの社会は何で、自分たちの文化は何であるかをアイデンティティを持ち、話さなければならないのだ。

欧米ではアートとサイエンスが分かれている。アートとは、人間がつくったものを指し、科目は美術、文学、音楽、歴史、哲学等である。サイエンスとは、神がつくった世界＝自然を研究することを指す科目だ。化学と物理学を自然科学と言い、経済学と心理学を社会科学と言う。日本では欧米とは異なってきているのである。輸入された項目を継ぎはぎだらけにして、教育を行っているようだ。もう一度基礎にもとづき、科学の入り口に戻り、再構築しなければ、論理が立たない論議に時間を取られるようになっているようだ。

日本にはリベラル・アーツは根付いていない。特に女子教育にもリベラル・アーツ的要素が少ない。しかし、日本には古来より、女子としての気構えが存在していたように思える。男子には家族、部族を守る義務があり、それを女子、母、祖母の気構えで、導かれたのだ。『武士道』という新渡戸稲造の英訳本があるが、男子を育てた女子道が存在したのである。

日本にはまだまだ教育制度が西欧諸国から遅れている点が多いようだ。リベラルカレッジとして、森の生活がある。森と湖、美しい小さな山村で、キャンパスの周囲は深い森や小高い山があって、美しい川が流れているそうだ。大学のメインストーリーにはレストランが2、3軒しかなく、日本の地方都市と同じように過疎化が増している地域にカレッジがあるそうだ。学生はキャンパス内にある寮で共同生活する。大学職員、教授、生徒たち、親たちの親交を深める交流パーティーの行事があり、親たちが泊まるモーテルがあり、意見交換が盛んで、生徒と教師の比率は20対1以下、5対1ということもある。共同生活や社会秩序や規律を学ぶことができる。社会から離れた森の中で、地域とは何か、国とは何か、自分とは何か、日本とは何か、日本人とは何かを客観的に見ることができ、学ぶことができるのだ。

最近、日本国内にいると、若者や中年たちや老人たちはすべての現象にバイアス(42)がかかり、教育や報道、社会の雰囲気に支配され、地域、国、世界、自分自身を考えることを忘れてしまっているようだ。脱却するためにまず、日本にもリベラル・アーツとしての大学が必要かと思えるのである。

02 正義、平等、自由。

「正義」という言葉は私が子供の頃、小学校に通う前の頃、同年齢の友や一歳年上の近所の兄さん（アニサン）との間の会話に出てきた言葉である。毎日が楽しくて、たまらない時代である。物心付く前の時代で、遊ぶ地域の範囲が毎日、しだいに広がっていく時代なのである。

野原あり、丘あり、川あり、田んぼあり、畑あり、肥桶（こえたご）、廃屋ありの世界で、草、トンボ、バッタ、メダカ、ハヤ、フナ、カエル、朝焼け、夕焼けがあり、毎日が遊ぶ範囲、面積が広がっていく世界である。毎日が夢の中で、明日の遊び場はどこなのだろうかと、冒険心丸出しで、勇気がないと取り残されてしまうし、友達に対する信頼がないと遊べない時代である。

夢の中でも飛び回っていた時代に、4、5人の「トモダチ」の中で出てきた言葉が「正義」

である。もちろん、子供の世界(ダチの世界)では平等、自由は当たり前である。自治は一歳年上の兄さんが執っていた。正義の下に行動しているであるから楽しい。不正義等は兄さんが遊びの中で行い、不正義とはこのようなものだと知らしめた。集まりは近所の女の子を二、三人入れて行われ、兄さんが正義論を展開した。正義の味方は漫画の世界であるが、子供の世界では正義でなければ面白くない。しかし、よく考えると無断で廃屋に入り、ホコリを被った重機で遊び回ったり、田んぼや畑を走り回っていた。悪たれ坊主であったことには間違いないが、地域の年長者が見守っていたこともわかってきた時代である。

地域の大きな川で、四、五人で遊んでいたとき、私は砂地から足を踏み外し、生死をさまよったことがある。生き返ったのは地域の人や三歳上の兄さんが見守っていたからであった。太平洋戦争後の混乱期、まだ小学校に入る前の子供たちの遊びの経験の中で、正しいこと、義を行うことを身に付けることが、その地域、地域で、その地域の人々によって、導かれた正義が存在した。

①アリストテレスの言葉に「正義は社会の秩序なり」という言葉がある。

②第2次世界大戦、前、後活躍したフランスのアルジェリア人のアルベール・カミュの言葉に「人間は永遠の不正に対して闘うために正義を肯定すべきであり、世界の不幸に対して抗議するために幸福を創造すべきである」という言葉がある。

③アメリカ合衆国の南北戦争時代の思想家、哲学者であるラルフ・ワルド・エマーソンの言葉に「他人のあざけりを心にとどめず、敗北にもくじけず、勇気をもって立ち上がれ。いっさいの正義にはやがて勝利が訪れるのだ」という言葉がある。

④19世紀イギリス・ビクトリア時代の評論家、美術評論家であるジョン・ラスキンの言葉に「悪い命令であることを知りながら、それを甘んじて受け入れる人は、悪い命令の甘受を勧めることになる。不正の存在を前に沈黙する人は、まさしく不正の共犯者に他ならない」という言葉がある。

「正義」とは、子供の頃、日本にはその地域、地域に誇りと威厳があり、遊びの中で導かれた言葉である。まさに東洋になかった民主主義を成していった、19世紀から20世紀の西欧人の苦難の道での言葉である。21世紀に入って20年、世界の子供たちや日本の子供たちには2110年から見る目を楽しみとして導きたいものである。

03 日常の豊かな生活。

毎日の豊かな生活で一番大切なものは水である。これほど豊かさを表すものはないと思われる。日本の民族は山からの恵み、清らかな川の流れを受けて、縄文時代より生きてきた。木々を植え、草木を肥料とし、川の流れを利用し、自然の動物、魚、貝、虫を食し、そして木の実を食物としてきた。化学物質は何もない世界である。豊かである。

稲作が伝わり、山川の水の流れはさらに重要さを持ち、田畑を潤し、住民の協調性を育んだ地域が豊作になった。一年の春夏秋冬の時期を計るため、山々の形で朝日の出の位置が決められ、女性に委ねられ、豊作の祭りが行われた。江戸時代まで、化学物質は何もない。村々では村々の女性が舞い、なんと豊かであったことか。現在、飲み水が水道で配布され、排水を下水で回収されているが、基準が明確でない。

太平洋戦争後、高度成長時代に、便利になり、水道管、下水管が配備されたが、戦後から日本の川は真っ黒く汚染された。少しずつ汚染値は下がっているが、戦前や江戸時代とは大きく開きがある。山の分水嶺はゴルフ場開発等で汚染が進み、生活用水としては使用できないはずであるが、放置されている。ダムにして水を貯水しているが、生物多様性がない設備なので十分に浄化されない。洗浄されても自然水にはほど遠い。汚染の数値が下がっただけで、化学物質の汚染はそのままにされている状態である。日本全体が豊かな水で豊富だったのに、自然水がどこにも、誰にでも豊かであったのに、豊かさがなくなった。皆々が気付いていないようだ。

これからはグローバルな地球社会、自然の中での豊かさを、世界中、後進国の市民の方々も参加していただき、これからの地球市民の豊かさとは何であるかを話し合う場を開かなければならない時代である。アジア、アフリカの人たちと自然を保ちながら、人口が増え、新たなインフラ整備をいかに効率よく行うかが問われている。

日本は今でも米軍基地の環境汚染問題に手を出さないでいる。戦後、アメリカ合衆国に対して、まだ対等な国家として対処できていない。敗戦国のドイツやイタリアでは、すでに米軍に対して国内法が適用されている。なぜだろうか、交渉が下手なのか、理解できない。現在でも米軍基地内の環境汚染が放置され、国内の環境汚染に影響しているが、交渉していないのは何故だろうか。

豊かさとして、エネルギーは私たちの日常の暮らしを支える血液である。止まることは許されない。いかに後進国の住民の方々が豊かに暮らせるかを図るかが課題でもある。

しかし、日本は「戦争だ」「天災だ」と言って、バラマキ手段を取っているのだ。天のご加護論がまかり通っている。諸外国では戦争対応の諸制度がすでに行われているが日本では放置されている。

あらゆる災害や事件、戦争も想定した戦略が各国で取られている。想定外として、頭を下げる国家はどこにもない。

江戸時代の農業スタイル、農生活は世界に誇れる豊かさの世界を表していないだろうか。水質の汚染に気を付け、飲み水にして、肥料も自然のものだけを用い、土壌汚染を行わず豊かな実りを実施した。楽しく農作業をして、自然のものを食する素人集団が増えている。趣味として生きたらいいだろう。雨の日は読書に耽り、農作業を通じて、社会へ新たな生活の扉が開かれようとしている。

04 自主的リカレント教育。

「ゆく河の流れは絶えずして、しかももとの水にあらず。淀みに浮かぶうたかたは、かつ消えかつ結びて、久しくとどまりたるためしなし」という言葉がある。鴨長明という随筆家が『方丈記』で表した。時代は平安末期で、奈良、平安と続いた貴族文化が滅びる時代である。蘇我氏、藤原氏と渡来人である百済人によってつくられた唐風文化である。その貴族文化を変えようとした人々の思いを書き表している。

その後、住民、平民の生活が成り立たず、どうすればよいかと悩んだ時代になり、経済は停滞し、疲弊し、あちらこちらで戦いが起き、新しい仕組みができず、淀みに浮かぶ水の泡のようだと言っているのである。

今の日本は貴族文化ではないが、以前と比べ、東洋的な文化を濃厚に持っていると思われる。明治以来の学校教育がなされ、一度就職したら一生その職業をして食べていけるという教育が今でも行われている。唐の時代の科挙制と同じ制度である。明治時代から太平洋戦争後と急遽な東洋化と西洋化を行い、歪み（ひずみ）が出てきた時代を、変えきれず悩みが膨らんでゆく社会を随筆に今でも表しているようだ。今、現状の組織が現実を変えられないで、淀みに浮かぶ泡のようだと言っているのと同じのようだ。

明治時代、太平洋戦争後と急速なコンツェルン型工業化とサプライチェーン型大企業化を行い、高度成長を遂げたが、その次の新たな産業に代わる時代に入って、全く新しい構想を編み出せず、気にも留めきれないで、放置しているのである。現状の組織では現実を見る目を持てないし、集団的な利得をえようとする上下関係論に終始している。時代は新たな価値創造の時代に入ったのであるが、現状維持を旨とし、新たな世界へ踏み出せない世代でよしとしている。来世代には何を残すことになるのであろうか。

①世界は今までの常識では測れないで、モノ・ヒト・カネがコモディティ化（陳腐化）[43]し、デジタル・デストラプション（産業世界の破壊的変革）[44]に入り、人間生活を取り戻す課題、解決力を評価する時代へと入ったのである。

『新たな資本主義の世界』

②今般のリカレント教育つまり、社会人（子供、青少年、女性、住民、市民、老人等）

の学び直しを行い、社会全体で見える化がなされ、新しい価値を高める人材の育成を行い、考える人材を育成し、ハードスキル力を身に付けるのである。

『人的資本の時代』

③大気汚染が人間の生活に大きな負荷を与えている。発展途上国も同じである。工場や消費活動で排出されている人間の被害は測り切れない。地球の生態系にも甚大な悪影響を与えている。交通、発電、個人の消費活動を変え、自然と上手に付き合うしかない。

『環境資本の時代』

④稼ぐ力を身に付ける世界で競争する人材を増やし、人工知能に負けない人生100年を生きる術を持つ子供たちを育成することである。そのためには組織論として、デモクラシー（democracy）を民主主義と略さないで、稼ぐ力の再構築する戦略力が求められる。

『社会資本の時代』

⑤誰にも頼れない時代、自分自身で目標を設定し、本気で実行できるかが問われている。新たな構想力が必要になっている。他者に単純に同意する貧弱性は直し、自分と他者の相乗効果を出さなければならない構想力が問われるのである。

『無形資本の時代』

日本人の社会の中で民主主義は明治時代から150年も行っているのだからできていると思われている。しかし、西欧諸国では3000年の間、試行錯誤し、ひるめば、王政になり、屍の上にようやく成り立つ制度なのであることを身をもって知っている国々であり、国民である。

Democracy とは人民による支配という意味である。単純に人民(国民、市民等)が政治や社会で決定することだけを言っているのではない。選挙を行えば民主主義と言っている未熟な国民ではない。遅れた国では、民主主義と社会主義と共産主義と比較する論議へ運んでしまっている。仕組み、制度を常に進化させ、発展させねばならないことを放置してはいけない。

Democracy は常に 手間がかかり、多くのコストがかかる仕組みである。生産性が悪い、遅れた国では経費が掛かり過ぎるのだ。西欧の諸国がおかしいと言っていることが気に留められていない。報道されないで満足している国民であってはならない。リカレント教育を行い、Democracy を基本に据え、進まなければならない。

第10章

集まりには存在するルール。

縄文の時代より、人が集まれば、人間は参集し、寄り合いを行い、講を開き、山や郷、そして集落に住んでいた。しかし、奈良時代から平安時代まで、東風文化に統制され荘園公領制や寄進地系荘園が布かれ、公領領主、荘官が置かれ、領主と名主によって百姓の生活、経済はモザイク状に管理されていた。住宅もばらばらに散在させられていた。

しかし、平安末期、鎌倉時代頃から、地頭が荘園・公領支配へ進出していったので、荘園公領制が変化し出した。百姓は水利配分や水路・道路の構築を行い、紛争や盗賊からの自衛などを契機として地縁的な結合ができて、ふたたび、村落が形成され、その範囲内に住むすべて（惣）の構成員により形成された。惣村または惣と呼ばれるようになり、惣郷（そうごう）、郷村（ごうそん）は百姓の団結・自立が強く発展した。軍事警察権にすぎなかった守護が強くなり、荘園公領支配を崩し出した。惣村は自治を強化するため、守護、国人と関係を強め、武士、地侍（じざむらい）が地元に出来上がり、戦乱に対応した。郷村等の自治能力が非常に高まったのである。

次第に一般百姓、地下人（じげにん）が多くなり、惣村の構成員として加わり、平等意識や連帯意識が結集し、寄り合いは村の社（やしろ）で年中行事や講が開かれた。規則も惣掟（そうおきて）を自らつくり自検断（じけんだん）が行われていた。惣村は生産に必要な森・林・山を惣有財産とし、村民が利用できる入会地を持っていた。会議を開く寄り合いは鎮守の森に包まれた、社（やしろ。鎮守さん）で行われ、農業用水の配分調整や水路・道路の普請を行った。宮座（みやざ）は地域の鎮守もしくは氏神をまつり、専任の神職を持たず、構成員が年番で神職を務め、当家（とうや）制を取っていた。

日本は平安末期に入ると、ようやく縄文時代からの日出る文化を取り戻した。つまり、奴国、邪馬台国の村にて、自ら規則をつくり、村で裁判を行って、自治を行っていたのである。自分たちの土地は自分たちで守るという有力な農民が武士の始まりでもある。彼らは独自に武士団をつくりだしたのである。

01 家族農園員としての職務規定。

これからの豊かな生活とは、自然豊かな環境の中で、できるだけ自分で、自分の食べ物をつくり、食することが大きな価値を有する。自然の大地で、自然の水で、無農薬でつくられた食物を食することがその人の豊かさを表しているのである。自然の空気ほど大切なものはない。

20世紀に工業化、化学化を行い、化学物質は増大した。今世紀に入り、発展途上国が成長を遂げようとしているが、先進国と発展途上国が今までと同じような発展を遂げれば、今までの先進国と同じ削減方法だけでは汚染物質は増大し続けることになってしまう。

現在、日本でスマート田園都市構想がなされているそうだ。新しく田園での生活スタイルに人気が出だした。今までのような20世紀型都市生活では豊かさは味わえないので、地方での新しい生活スタイルはどうあるべきかと問い掛けているのである。

18世紀にイギリスで産業革命がなされ、都市に集まれば仕事が豊富にあり、賃金が世界に突出して高くなったので、人口が都市に集中し出した。綿産業から石炭産業、機械化から蒸気機関車と発展し、ロンドンが都市化された。19世紀にアメリカで産業革命がなされ、さらに都市化が進み、機械産業から自動車産業、電気化から石油化へと進み、ニューヨークが都市化された。20世紀に入りアメリカで、経済危機も経験したが、産業革命がさらになされ、さらに高層都市化が進み化学産業からコンピューター産業、サプライチェーン化、ICT化と進んだのである。21世紀にはさらにグローバル化が進み、発展途上国が同じような産業進化を遂げれば、世界中の汚染物質は莫大に増加することは明白である。

後進国の人口の推移には計り知れないものがある。今世紀は全く新しい変革の世紀に入ったのである。

世界ではグローバル・バリュー・チェーンGVC（国際的価値連鎖）の依存度が増している。新たな地球温暖化に対して、GVCが注目されている。バリューチェーンとは企業活動における業務の流れを工程・タスク単位で分割し、業務の効率化や競争力の強化を目指す手法のことである。企業は素材や部品の調達、製品の製造、サービスの提供等、世界中にバリューチェーンを巡らせているが、そのバリューチェーン全体のライフサイクルを通じた温室効果ガス産出削減を目指す取り組みがGVCである。

これからの製品には、従来の製品よりも優れた省エネルギー性能の製品を製造するためには、製造段階から消費者の使用段階までもCO_2排出削減を含んだ製造、製品販売を目指さなければならない。そして、製造する側も消費者目線に立ち、製品の素材や部品の調達をどうするか、製造をどうするか、流通や販売やサービスをどうするかを製品ごとに、サプライヤー戦略を立て、グローバル・バリュー・チェーンに立脚し、製造しなければならない時代なのだ。

省エネ・低炭素製品の製造販売をする日本企業はGVCを実施する経営計画を実装すれば、今後の地球温暖化問題に貢献できる。つまり、消費者自身がどのような生活をしたいのかが、まず初めにあり、そして次にどのような商品、製品を買いたいのかが重要な時代なのである。消費者主体に製造販売される時代へ参入したのである。製品商品の選択権は消費者にあるので、広告に翻弄されない消費者、自己の生活主体が問われている世紀でもある。

このような世紀に入ったのである。すべてのステークスホルダー（利害関係者）の一員としての責任が消費者にも存在する。自由に自分の農園で自作農を行っても、自然を勝手に動かすことは他農家や地域に迷惑をかけることになるので、コミュニケーションが必要になるのだ。21世紀に合わせたスマートなコミュニケーションスキルが必要なのかもしれない。

そして、地球規模の環境・社会・ガバナンス（ESG）を心得て、デジタルトランスフォーメーション（DX）技術を身に付けて、自らの特技を表す仕事を、自ら選ぶべきである。

02 職務遂行における規範の作成。

日本の市民は自由という言葉は空気のようなものに思い、当たり前に扱っているが、古代にさかのぼれば、奴僕、奴隷は世界中にどこにでもいた。古代には奴隷ではなく、自由という身分の人もいたのである。自由人とは主（あるじ）がいない人のことである。奴隷が存在する社会が当たり前であったのが古代である。経済が奴隷制で回っていた時代、イギリス、アメリカでも当たり前であった社会が近代まで存在していた。

奴隷貿易、奴隷商人、奴隷制農園が存在した。20世紀、黒人の人権問題が解決されないで、キング牧師が暗殺された。身分的な差別が現在までも続いている。

21世紀に入り、普通の現代人は奴隷制度が完全になくなったかのように思っている。現代のすべての人は、自由が享受すべき個人的権利が存在すると認識してしまっている。自由を維持するためには、西欧の古代から市民団としての戦いが行われ、公職者によって維持管理がなされ、追放や死刑執行がされ、集団としての意志にもとづき制約や抑圧も存在したのである。

自由とは工夫と努力の賜物である。自由を維持するためには、異民族の侵入を防ぎ、誰もが安全・独立・生存を勝ち取らなければならなかったため、戦いが行われた。大きな犠牲の積み重ねであり、王政の復活の繰り返しを行っているのが人間の歴史である。長い歴史の中で日本でもその恐怖に苛（さいな）まれてきたのである。

古代、平安、室町、江戸時代でも奴隷として人々を売り買いしていた。自由とは民衆の個々人が考えることであって、民衆の一人ひとりが維持、責任を負うべきものである。為政者なり、誰かが与えてくれる自由などない。現代人は代議員制により、選ばれた人が政治を行い、我々は私人として自由を謳歌する時間を所有しているのだと錯覚している。

人間が単純に仕事を行うにしても、自由は最重要な要素である。自由人とは、自分ではなく他の主（あるじ）に傅（かしず）いて仕事をするのであろうか。それは自由人なのであろうか。ありえないことだ。

今世紀に入り、時代は大きく動き、ＩＣＴ、情報化の時代には自由を放置すれば、既得権者に自由や新しい価値が奪い去られ、格差社会がさらに広まった。他人事ではない。各自が意識しなければ、ロボットやコンピューターが人を動かす時代が到来したのである。

このような時代では、自由人として、各自が社会で仕事をする場合においてのみ存続できる。王政復古がなされ、皇帝主義のもとでは生存できるのであろうか。

これからの社会に対して、自らのルールを自らつくらなければならない。自らの会社で行う、新しい仕事は新しい価値を生み出すものであるのならば、自らこれからの社会や環境のためにルールを定める義務が存在する。自らの会社でつくるルール化を規範づくりと言う。規範意識とは法律だけでなく、道徳、倫理までを含めた社会のルールを守ろうとする自己の意識なのである。信頼される社会において、信頼されるグループ、信頼される会社では、法順守はもとより、企業倫理や集団道徳に基づき、規範順守の行動をとることが求められている。

コンプライアンスという提言があるが、法律に明文化されていないが、社会的ルール（倫理、道徳）に則り、行動活動することが求められている。

日本では1980年代に入り、政府主導で電電公社、専売公社、国鉄が民営化した。自由競争として企業の活性化を図ったものである。2000年に行政改革大綱で、企業の社会的責任を明確に打ち出し、企業の自己責任体制や情報公開を徹底するが、不祥事や偽装事件や粉飾事件が多発した。日本ではコンプライアンスが実施されたが、企業内の行動改革や行政組織内の行動改革まで手を踏み入れず、事件が多発した。行政の方針転換や企業内、行政内の組織変革がなされるべきであったが放置された。コンプライアンスが重視されずじまいで、社会全体で叫ばれたが、コンプライアンスの理解不足で先送りされた。

しかし、アメリカでは企業改正法（SOX法）を施行し、EUでは企業の社会的責任CSRに関するグリーンペーパー（政策の提案）がなされ、コンプライアンス、CSR（企業の社会的責任）が一層進んでいき、日本と大きな差が付いた。

コンプライアンスとはコーポレートガバナンスの基本原理の一つで、法令遵守や倫理法令遵守を意味し、経営倫理や組織の社会的責任（CSR）も含まれる。コンプライス違反は損害賠償などの法的責任や信用失墜による株価の低下等を招き、その責任者は社会全体に対して責任を負わなければならない。社会の価値観の変動により、事実の解明や原因究明、是正措置、構造的改革の取り組みが要求されている。社会に要請されているのである。

マスメディアや消費者や市民社会や監督行政や投資家や社員、関係者全体の信用を損なう行為は仕事や職場を非効率的にし、不健全なものに貶め、組織全体の存亡に直結している。今世紀に入り社会は一段と格差・紛争・民族対立頻発、環境問題の深刻化、食料・水不足、飢餓や感染症の問題、人権侵害、公務員の腐敗等が多発している。インフラ整備による財政のひっ迫と対応策の減退が各国も統治能力が低下している。

社会が抱く課題に照準を合わせ、消費者・社員・地域社会・株主・行政機関等の利害関係者（ステークホルダー）全員に呼びかけ、自主的に取り組み、社会の収益拡大を社会全体で促進しなければならない時代である。

03 規範づくりコミュニティ会話スキル。

規範とは現法だけでなく、家庭、グループ、組織、会社等で倫理、道徳に基づきルールを自主的につくり守るとき、新しくつくる自分たちのルールのことである。コンプライアンスとは法令遵守と規範順守を総括した意味合いを持つ。CSRは企業だけでなく、社会全般で社会的責任の対象は、従業員はもちろん、株主、取引先、地元住民、団体組織が関係する、すべての利害関係者に対して責任を果たす必要があることを示す。

規範づくりとして、コンプライアンスに従う取り組みとして、

①トップがメッセージとして行動規範の実践を自分の言葉で　呼びかける積極的な行動が必要だ。
*倫理、道徳＝行動を行う上で、守るべき重要な考え方で、法令にとどまらず、道徳的で法令以外の範囲を含む。
②推進にあたり、規定文書が明確で、勘違いが起きないように　わかりやすくルールをいつも確認できることが必要だ。
*方針、理念＝新しい世紀の倫理的社会ルールに組織団体の取り組む姿勢を具体的にわかりやすく示す。
③執行にあたり、組織として専門の部員が必要で、問題が発生した場合、素早くトップに報告し、責任を持って対処することが必要だ。
*ガバナンス＝行動を行う上で、組織内部で自発的に統治する仕組みが必要で、構成員一人ひとりがトップに報告し、最善策を実行しなければならない。
④関係者が正しい知識を身に付け、行動することが必要だ。関係者に向けた教育の充実が必要だ。これからの新しい社会が求める要素をすべて含み、取り残してはいけ

ない。

＊ＳＤＧｓ＝社会的責任を行う上で、持続可能な開発でなければならない。

社会人として生きていく上で、イノベーションを起こし、社会全体に便益を与える働きに付くためには、まずは規範づくりを身に付けなければならない。自分の行動が社会全体にどのように関係しているのか。新しく創り出すものが社会に影響を与えているのかを知り、自分の利益のみにこだわらず、社会に対して倫理的、道徳的に判断したルールを自ら作成し、その所属グループの規範をまとめ、実施するスキルが必要である。

生活する小さな集団で、会話が重要である。目と目で話すことはあっても、新しい要素が起きたときに冷静に会話ができることが重要だ。会話をスムーズに運び、できるだけ早くに判断を下す会話のスキルが求められている時代である。

トップが威圧をかけて、命令を実行するだけでは競争に負けてしまうのだ。市場競争に打ち勝つためには現場の状況を素早くトップに伝え、最善の解決策を緊急に実施しなければならない。想定外だから仕方がない論法は負けの言い訳でしかない。

社会に迷惑をかけ、社会的債務を増大させ、生産性を低下させて論点をはぐらかして、強いものに巻かれろ論法で社会が動いていいのだろうか。世界全体が社会性を損ねているのが現状だが、流されてはいけない。一人ひとりが流されないように独自に工夫や努力をしなければならない。

まずは、21世紀に対応したコミュニケーションスキルを学び取らねばならない。会話を単に楽しむものとして判断してはならない。会話自体には意志をまとめる重要な要素が詰まっているのだ。会話は簡単にできるものではない。そこには、これからの社会戦略を含んだものとして、小集団としてのスキルが求められるのである。

04 ポジティブ思考の確立。

世界は一段とグローバル化が進み、混乱するにしても、より均整の取れた公正で人間的な仕組みに進むだろう。日出る国としての日本とヨーロッパは自由民主主義を守る存在としての行動をとらなければならない。世界中の市民は米国のようにポピュリズム化した国々や、古代皇帝主義の中国のような国々に惑わされることはない。

民主国家であるならば、住民一人ひとりが責任を持ち、間違いを犯しても修正が可能なシステムだからだ。独裁的権力者は自己修正が効かないシステムなので、埋没しかない。民主主義の国家の歴史が示している。

太平洋戦争後、中国で新たな国づくりをしようとした人たちが数多く存在した。台湾にやって来た中華民国初代総統の蒋介石もその一人である。その言葉に、民主、倫理、科学と三つの言葉を地域住民や子孫に残している。その言葉で、市民に自由と自治に生かせと言っている。言葉の意味をその時代、その時代に合わせて話していることに重大さがある。自由民主主義者は言葉の意味をその時代、その今に必要な要素として話しているのだ。

しかし、金権主義者や帝国主義者の権威主義者は言葉の意味を過去の曖昧さを使い混乱させ、感情的に満足させ、自己の利のみに話を持っていってしまう。ポピュリズムを利用する政治家もいるし、既得権者もいる。SNSの勝手な情報の拡散やフェイクニュースを行う輩はどんな時代でも存在する。悪いことをする悪人は存在するのだ。新しい産業が興る際に、産業の芽生えを摘み取ってはいけないが、産業が定着し出したら、適正に公正に人間本来の信頼の基に制度化、つまりルール化をしなければならない。既得権者が放置し、私利私欲のために独善的な振る舞いを振りまいて、危機を一層深めている。

アメリカだけではないが、一部(45)の特権階級に振り回され、ポピュリズム化が進み、情報操作により曖昧さが増し、独善的に行われているが、アメリカの一般市民、普通のアメリカの西部開拓者にはそのような人は少ない。人類の歴史は産業、文化の進展に伴い、自然を破壊し、何度も疫病や自然災害を繰り返してきているが、新たな革命を起こし乗り越えてきた人間の歴史である。

感染症と気候変動問題は関連している。新しい産業に対して、新しい社会変革を起こさなければならない時代である。SNSや5Gの時代では、今までの生活スタイル自体が変化させられているのだ。思考方法や意識自体も変化させなければ、自ら稼げないのである。仕事のスタイルも、家庭での生活スタイルも変化したのである。生活圏も変化したのだ。商流も大きく変化した。社会全体が大きく変化したのである。従来の生活スタイルにこだわってはいけないのだ。

社会生活自体が大変革の時代である。

①情報、データの取り扱いが大変化した。

②エネルギーの課題も大変化した。

③商流、交通、通商も大変化した。

④食料の課題も大変化した。

⑤医療の課題も大変化した。

⑥教育の課題も大変化した。

曖昧に社会の現実を見てはいけない。自分の目、耳、口で五感、第六感で見なければならない。課題が山積みにされて、集団的善に惑わされ放置してきたのである。

新しい時代であるので解決策は今までに見たこともない様相であることは想像できる。

小さな村の市民参加型のコミュニティ会話スキルが基盤なのかもしれない。

05 世界標準と地域自然文化の共存。

ＩＴ化はさらに進み、世界中が繋がりＩＴ会議も開ける時代である。世界が狭くなり、話し合いが可能になった世紀であるので、世界的な標準を作成する努力が各国、各地域、各自に責任が要求される時代に入った。各機関に責任があるのだが、今までのまま、つまり前世紀のままのシステムで進行しているので、古いルールのままで行い、「行動はした。問題はない」と言い逃れをする輩が多数を占めているようだ。

新しい時代に合った、国際社会に通じる法規をつくり、10年後、20年後を想定して世界標準として話し合いをしなければならない。国際機関の中に課題や解決策を創造する能力がない人たちが多く、科学者としての責任を曖昧にする人たちが存在するのだろう。国際機関で決まったルールや決まりつつあるルールを自国に翻訳する際に、世界市民、国民のためでなく、利益相反に働き、自分の利益のみに動く人も存在するようだ。

キュレーションという言葉、概念があり、情報を独自に判断して、わかりやすく整理して示す動きもあるのだが、若者は楽な遊びに耽る傾向があるし、学者も科学的根拠に乏しい傾向がある。しかしこれだけ、コンピューター産業が発展し、便利になり、グローバル化が進んでいるのだから、世界中の市民がコミュニケーションできる時代なので、紛糾が起きないようにコミュニケーションルールを充実させることは最重要課題なのだ。皆がスマホで遊んでしまっているようでは課題は解決しない。(46)

エネルギーの問題も前時代の石油産業のサプライチェーンが世界中に存在するので、21世紀型のテスラ型電気産業からエジソン型電気産業に変革しなければならなくなっている。しかし、世界も遅れ出しているが、日本は既存の大企業の大部分が前世紀の石油関係や、石炭産業でできているので、組織構造的の転換が遅れているようだ。そして、これからの産業の成長を図る事業化を進めなければ、低成長、負債化が進み、足かせが増えるばかりである。

皆がダークな側面にもきっちりと目を向け、希望を基に、倫理、民主、科学によって、今現在、10年後、20年後を見据えた解決策の策定に参加しなければならない時代である。

日本では世界で行われている一極集中型都市計画の転換を図った議案が何度となく上がったが、意味を間違い、曖昧にして放置してきた。成功体験のある工業生産型産業発展を未だに続けようとして、世界から取り残されている。

信用を取り返し、試行錯誤をするには地方の自然を前世紀に取り戻し、地域自然、文化の魅力を基盤として、新しい価値を創造しなければならない。大変革の時代、変化した者が生き残るのである。ただ強い者や賢い者が生き残るのではないとダーウィンが言っている。

トヨタ自動車が静岡県裾野市にトヨタ東富士研究を利用して、21世紀型スマートシティを世界に先駆けて創るそうだ。CASEやMaaS「コネクテッド、自動運転、シェアリング、電気化」「交通手段による移動をサービスとして捉え、新たな移動手段」を実装して展開しようとしている。新たな発案がされるだろう。裾野市の住民とのコミュニケーションが大きな課題になるだろう。都市づくりそのものが東京一極集中型産業そのものでなく、産業変革や自然災害に強い分散型でなければ、これからの21世紀のあらゆる災難、障害に対処できない。

コロナ対策も長い人類の歴史の中で、何度となく繰り返されたダークサイドである。「想定外ですみません」論法は世界では通じない。世界に先駆けた自然豊かな地方都市構想、スマートシテイ・インフラデザインの実施が各地で試行錯誤される時代である。

各地にはそれぞれの地域に長い間の歴史的文化が重なっているし、各地の地理的条件は歴史的に判断しなければ、厚みがないものになってしまう。各地の住民一人ひとりが参加しないで、今まで通りのお任せコミュニティではスマートシティ構想の市場競争に　負けてしまうのだ。各自の自覚が問われる時代に参入してしまったようだ。

第11章

スマートコミュニティ
村里インフラ。

時代は今までとは大きく異なる価値創造の世界に参入した。世界機構、国や社会法人、地方公共団体等が今までと同じようなインフラ整備にお金を使えば、補修工事に使われたり、今まで通りの交通インフラ構築に使われたりでは、お金がダブルに使用され、無駄遣いを重ねることになりかねない。

誰が責任を負うのかハッキリさせずに、手を付けずに、放置しっぱなし状態で時間が過ぎている。国民、住民の資産を勝手に使い、負債を増やしていることになるのであるが、今まで通りの法律であれば適用されないと、思い違いを起こしている。しかし、国民は世界市民や自国民、住民の資産価値を向上させるために、これからの社会に適応した法律を立案し、制定を急がなければ、経済競争に負け、借金が増えるのだ。

構造的改革を早く進めなければならない。しかし、保留し、先延ばしして、混乱させられているのは国民、住民自身であるのだから、「気付かない」「気付けない」現象が起きている。それでは自らの首を絞めることになる。さらに、ＳＮＳフェイクニュース情報社会へ参入しているようではダメである。なお、社会は質の高い生活を重んじる社会へ参入したのである。

通信は5G時代に入り、通信料金の設定も使用者優先に構成されているのか、公共的に使用されているのか、企業利益のためだけに使用されているのかはっきりさせていない。アメリカのような広大な国土の国と狭い国土の国と同じ通信使用料金で良いのだろうか。

エネルギーは大転換時代に入り、石油から太陽光発電の時代に入ったが、狭い国土で大量工場生産、大量消費型経済の上に構築された仕組みで大量にガソリンを使い続けていいのだろうか。大量のムダ、ロス、ムラを排出していいのだろうか。地球環境のためだけではなく、これからの時代の価値創造の収益計算時代にムダが引き継がれている。それは許されない。

商取引は消費者優先がコモンセンス（常識、良識）である。金融優先主義のアメリカでも消費者優先が当たり前である。学ぶべきモノゴトが数多く存在するのだ。

食、水、医療、教育と課題は山積みされているのではないだろうか。

01 長期インフラコスト計算。

これからのインフラを話す前に、日本語のカタカナのインフラと英語の infra との違いを明瞭にしなければ、これからのグローバルな社会ではコミュニケーションの大混乱を起こして、大きな損失が生じることを知らなければならない。今までの工業化の時代では許されたことが、これからの社会では負の資産になり、許されない。

日本語で言うインフラはインフラストラクチャーの略語である。世界で通用するインフラストラクチャーの意味を基に話さなければ、混乱が起き、世界から置いてきぼりを味わうことになり、世界から遅れをとり、グローバルな市場競争では負けになる。

infrastructureはinfra（下部）＋structure（構造）という語根構造の単語である。英語では日本語のようにinfra（インフラ）だけを略すような使い方をしない。英語ではインフラストラクチャーとは「基盤」「下部構造」「構造を下支えるもの」「組織の下部構造」という意味をなす。そして、「社会的基盤をなす設備」という意味もある。

①基盤は社会資本としての生産基盤と生活基盤に分けられ、生産基盤は道路、港湾、下水道、水道、駅施設、情報システム、金融等生産する上での基礎となる地盤である。生活基盤は学校、病院、公園、住宅、エネルギー、電気、環境等に分けられ、生活する上での基礎となる地盤である。

②下部構造は「下にある」「低い」「不満」等で、下で支える行動をも含んだ構造を意味している。市民の一人として下から支えること。

③構造を支えるものは「維持していく」「支援していく」「管理していく」等で、意識を意味している。考え方、意識をも使うこと。

④組織の下部構造は「組織の統制」「組織の統治」「組織のガバナンス」等で、組織自体の運営、運用上の問題を意味している。団体のまとまりを重要な要素として社会資本を支えること。

インフラとして、安直に訳するのではなく、インフラストラクチャーは経済が機能するサービスと施設を意味し、そして、その地域に対してサービスを提供する施設とシステムをも含むのである。また、生産基盤と生活基盤としての社会資本として、民間の改善行為も含まれ、社会生活条件を持続させ、高めるために民間と公共が相互に関連するシステムの構成要素とされている。

次に、国民福祉や情報社会基盤としての新規分野の法律整備にもインフラストラクチャーが用いられる。さらに民間の公共事業に収益性は重要だが、ＥＳＧ、ＳＤＧｓが最重要になっているし、公務員団体の公共事業にもＥＳＧ、ＳＤＧｓの基に収益性の確保能力が問われている時代である。

次に、ごみ処理、し尿処理、飲用水、固形廃棄物、通過水、廃水の廃棄等の組織を意味している。サーバーや輸送、エネルギーの供給、コミュニティの情報伝達等の組織の意味を表している。

次に、インフラストラクチャーは人的資本の観点から捉えられる。人的資本は与えられた集団内の個人やグループが保有する無形集団資源とし、個人的インフラストラクチャーの目的は経済主体の価値の質を決定するとある。

次に、制度としてのインフラストラクチャーは「経済的憲法」という用語で分岐してある。ジャンピエロ・トリシ[47]によれば、制度的インフラストラクチャーは経済及び法的政策の対象とされている。「規範を設定し、経済データの実際の平等な取り扱いの程度を指し、経済主体が経済計画を策定し、他の人々と協力してそれらを実行することができる　枠組みを決定する」とある。

インフラストラクチャーとして捉え、災害的要素、利益相反的要素、汚職官僚の官製談合要素、腐敗した権力による利益誘導等ガバナンス要素、軍事要素、発展途上国要素等が残されている。

02 村里資産配分計画。

地球環境全体の維持・管理・運営が問題になっている時代である。放置すれば膨大な二酸化炭素や化学的廃棄物で、地球上の自然環境が再生できない時代がやってきたのである。

10年おきにやってきた自然大災害が毎年日本にやってくる時代である。

大災害であるから、支援金を配布することでごまかされた時代はとっくに終わっている。河川整備の方法手段も再検討されなければならないが、地球の自然環境を工業社会以前、産業革命以前に戻す動きが必要になっていると思われる。世界中で自然環境を取り戻す動きが活発に行われているのに、日本では「行う」と言って、後で行う。実際には行動を先延ばしする現象が起きている。現実には行動しないで、環境悪化は免れず、世界から取り残されているが、報道もされないし、あまり問題視もされない。

工業化社会の成功体験が社会組織全体に強くあり、人情論へ話を持っていってしまい、環境問題にまで達せられない。

しかし、産業自体が大きく変化しICT情報社会へ変わり、さらにAIビックデータに変わり、生産消費や経済システムも大転換している。従来の工業成長産業型、都市計画から世界規模の自然環境型の都市開発に転換するには「村里都市計画」が必要になると思われる。自然環境を江戸時代にまで取り戻し、生活文化も当時の西洋人たちが憧れていた日本本来の生活文化を取り戻すような「都市計画」が必要だ。15世紀や江戸末期、明治初期に初めて日本に来日した学者や外国の若者たちは、日本の一般庶民の生活スタイルに大きな感銘を得たとされている。日本には貧しい人々が大勢いたそうだが、皆が元気で、笑顔で生活し、盗人などはいない社会だったのである。西洋諸国の人々の憧れであったのだ。西洋にはない、東洋にもない、東の果てに、新しい生活文化芸術が存在していたのだ。何故だろうと、日本人に西欧人は問いかけ、ルネサンス芸術文化運動が起こった。

約15世紀に入りヨーロッパでルネサンス（再生・復活）運動が起こり、19世紀初頭、セザンヌやゴッホが印象派として、再生日本の浮世絵や生活文化により引き起こされた、芸術文化活動である。そのことに日本では気付かずに、日本の革命政治家たちは急速な富国強兵や工業化を近代化として、世界には時代遅れの王政復古を強引に進め、敗戦し、無条件降伏をしたのだ。戦後、再び単純に工業近代化を進め、一極集中型都市計画がなされ、未だに大都市型都市計画が止まらない。

工業化型の大量生産大量消費型の職業はなくなり、情報型の少量多品種生産、少量多品種消費型になり、豊かな自然環境の中で行う生活文化芸術の職業に移った。

交通機関もＣＡＳＥやＭａａＳにより大きく変わり、自然環境をも取り戻し、自分たちの本来の生活スタイルを行う交通機関を設定した都市計画を進め、世界へアピールできる総合的な都市計画が必要な時代なのだ。

そのためには日本独自の文化芸術生活に目を向けなければならない。つまり、縄文時代からある、戦いを望まない、東洋式の皇帝主義にも対等な関係を保ち、和をもって貴しとなし、百姓の自治を優先にした日本独自の生活文化芸術を見出すことが再び求められているのである。

村里とは惣郷（そうごう）という意味である。惣とは中世の日本において百姓の自治的地縁的結合による共同組織である。郷とは自ら生まれた地域の集合体という意味がある。日本独自の生活文化芸術を探し求め、新しい創造価値を創り出す都市計画、街づくりを推し進めなければならないのだ。世界はイノベーションとしての無形価値の世界へ入ったのだ。

しかし、GAFA（Google Apple Facebook Amazon）、検索エンジン、デジタルデバイス、SNS、ネットショップで市場を席巻している企業たちであるが、世界が価値創造の時代に入ったのであるが、先行し、自利のみに走ってしまい、混乱を引き起こしてしまって、世界経済を混迷させている。世界中がNew Economy新しい産業構造になったのであるが、まだ世界中が無形価値を認識できないので、ルール化できず、無形資産を勝手に自分たちのものとして利用しているのである。

ようやくヨーロッパでは、国境越えの価値を資産として税金を課せる論争が起こっている。社会的価値が、便益が見えない資産として、生産性として表出する時代である。そして、世界的な経済法が確立されようとしている時代である。そのためには一部の資産家に惑わされない確固とした市民、民主資本主義を守る中産階級の一般市民の自覚が一人ひとりに必要なのである。

03 子供、将来世代の遊び場優先まちづくり。

子供たち、将来世代においても、最も重要なものは自然環境、地球の環境を取り戻すことである。地球環境は現在生存している者、我々のものではない。我々が自由にできるのものではない。将来世代の人類のものである。現代、現在の子供たちにも残さなければならないもので、足りないものは自然環境である。自然資源、自然資産である。

山、川、水、池、草原、林、森、海、空気である。自然環境が子供たちに教え、導くものが数多く存在し、大切なものである。自然は子供たちに遊びの中で、自らが得るものがあることを教える。例えば、大自然が教えた、リンカーンのゲティスバーグ演説の最後の言葉で、「人民の人民による人民のための政治」(government of the people, by the people, for the people, shall not perish from the earth.) や自由、平等である。人として大切なものを大自然から学び取ることを教えたのである。

学問がすべてであると考えている人が日本には多いが、そして科学が万能であると認識している人たちが大多数であろうが、そうではないと言っているのが、欧州に存在するliberal arts リベラル・アーツである。学問は深く深淵なもので、簡単に人間は学ぶことはできない。大自然や自らの意志が必要だと言っているのだ。

リベラル・アーツとはギリシャ・ローマ時代からの理念を持ち、自由民と非自由民(奴隷）に分けられていた古代ギリシャでの「自由民として教養を高める教育」である。日本では明治時代に、啓蒙家の西周によって、リベラル・アーツの釈語として造語されたのが「藝術」である。中世以来、ヨーロッパの大学では「人が持つ必要がある技芸（実践的な知識・学問）の基本」とみなされた自由七科のことである。具体的には文法学・修辞学・論理学の3学、および算術・幾何（幾何学、図形の学問）・天文学・音楽の四科のことであると言われている。学び取ることは深く深淵であると言っているのだ。

自然には多くの生物たちが存在したのであるが、その生存数が極端に減っている。大自然の生き物が我々に教えたものがある。

我々が子供の頃は川には多くの魚やカニが存在したたし、山には鳥や虫が数多くいたし、木の実が取り放題だった。水にはそれぞれに藻の香りがして、地域、地域で異なる味がした。池には異なる魚と虫が取れ、自由に入り、戯れ、癒されたのではないか。草原にはいつも朝焼け、夕焼けを楽しむ子供たちが存在した。林には通り道があり、その中を走り回り、迷子になることを楽しんでいた。夏には毎年海に行き、その地域の子供たちに泳ぎを教えてもらい、何回も溺れそうな経験をさせられた。

豊かな自然環境が数多く存在したのであるが、現在は子供たちを連れて行くところが極端に少なくなっている。つまり、我々が子供の頃、自然から学んだことが今の子供たちには存在しないし、これからの将来世代には何が残せるのだろうか。

太古からどんな人間社会にも奴隷が存在し、奴隷を使い、生活していた。しかし、古来、ギリシャ・ローマ時代から、奴隷民にも自由民としての教育を受ける権利があり、市民として誰であろうと自らの教養を高める教育を受ける意志を持つことができるとした。誰もが自由民として、奴隷（非住民）として従属しない強い意志が必要なのであり、意識が必要なのであると言っている。そして、行動が必要なのである。

自然環境を古来に取り戻すには、長期に渡る街づくり計画と運営・維持・管理が必要である。中途半端な行動では地球環境は取り戻せない時代である。地球全体の市民の総意が重要なのである。

行動を伴わない地球環境活動ＳＤＧｓでは、膨大な損益が排出されることが明白になってきている。古来の自然環境を取り戻した街づくりと、これからの成長産業化とを併せ持つ「価値創造」都市開発が必要である。そのためには「自然資源」を紐解かなければならない。自然資源とは人間が社会活動を維持向上させる源泉として、人と人の関わり合いにおいて「価値」を持ったものとして、人間が持つ目によって価値を見出したもの「モノゴト」である。つまり、価値を評価する「資本資産」としても扱われるモノゴトである。

これからの時代の成長産業化とは生産性を上げるための、ノウハウ、プロセス、新しい仕組みに関わる「仕事化」である。持続可能な社会に向かうにしろ、これからの街づくりには、計画つまりプランや設計であり、運営つまり経営や公共活動であり、維持つまりメンテナンスや補修であり、管理つまりマネジメントや効果を出す「組織体」であり、生産性を向上させる仕事化が求められているのである。「イノベーション」がなされるのである。生産性を上げれば、新しい価値が「創出」されるのだ。

しかし、創出された新しい価値は「見えない」ので、「経験」でしか体感できないので、現場にいないとわからない。したがって、組織全体としての理解ができない。そして企業間の親会社と子会社、組織間の上司と下司との間とのトレードオフの関係に陥ってしまっている。社会のしくみ全体を変革し、新しく構築が必要な時代である。

市民全員が自然資産の中で価値創造を行う「職」に手を出さなければならないのであり、

そして新しい「富」を築かなければならないのである。

04 祖母、祖父、近隣生活空間。

鎮守の森、鎮守さん、昔、各村々には村の真ん中に鎮守さんが鎮座していた。各家々は農業で、水耕栽培（稲作）で村中が生活していたのだから、水の采配をどうするか、取水、配水をいつにするか、どうするか、どこをいかに開拓するかで、村中の人が集まり決めごとをした。つまり、住民会議をしたのである。会議がうまく整えば、秋の収穫は大きく潤った。こじれれば、収穫は大きく下回り、餓死者が増大した。住民全体が真面目に意見を出し合わないと死活問題になってしまうから村民皆で考える。地理、地形、四季等の記憶、知識は女性たちが仕切り、男性たちは実際に行動し、耕作地の補修や、取水、配水を実施した。つまり、村全体の協力度合い、住民会議の出来次第、住民全員の総意が村の繁栄を左右したのである。

まだ物心がつかない幼児期に祖母たち、祖父たちの行動を見ていればよくわかる。私は6歳まで、物心がつくまで、曾祖母のお乳で育てられた。祖母たち10人だけの集まりに、男の子として対応した。村の歴史、文化、風習そして、家族のいわれ等々を何度も聞かされた。そして、初恋の人の取り合いの話も繰り返し聞かされた。村祭り等々、盆正月には必ず集まり、宴会は祖母たちが嫁いだ家々で行われたのである。家々には大きな池があり、池には川端（カバタ）があり、コイや小魚が泳いでいたし、水草がのびのびと川に繋っていた。遊び場が数多くあったので私も楽しかった。子供の遊び場には老人たちの目が隅々まで届いていた。

日本では大昔から地域ごとのコミュニティが存在し、スマートな話し合いをして、村里のインフラ整備を行っていたのである。年少者、若者育成にも老人たちが数多く参加していた。

日本は明治時代から「男尊女卑」が国家として教育され、富国強兵型へ進められた。男の子が数多く必要とされたからである。日本の文化歴史を顧みれば、明治時代から急遽、ヨーロッパの旧来型の帝国的な強権的歴史文化を単に導入されていった。日本の独自な文化歴史を踏みにじり、工業生産型人材の育成を推し進め、軍団兵隊型の兵役に付かせる教育をしたのである。そして敗戦してしまった。

元来、日本には明治以前までは女性優位の文化歴史であったが、なぜか、現在までも男尊女卑の思想が定常化しているようだが、日本本来の歴史文化を紐解きたいものである。日本では中世家族の妻は里方一族を背景として、夫の支配から独立していたし、妻には土地所有権・親権といった社会的権利があったのである。そして、妻は夫とは別の下人を持っていて、自由に使っていた。そんな男女平等の農耕文化の国家は日本しかない。江戸時代になるとなお一層盛んになった。江戸末期、慶応や明治時代に生まれた女性、昭和時代では我々の曾祖母、祖母の女性たちになるが、その文化風習が色濃く残っていたのである。その女性たちは自分の男の子供だけでなく、有能な子供たち皆に「武士道」を教え導いた。そして、その女性たちは「武士道」を導くための「女士道」を女性としての誇りと知恵を自分自身の身に付けていたのだ。日本本来の女性は、女として、母として、祖母としての役務を「女士道」の目線で生き抜く生活を見渡していたのである。一昔前の女性たちの生活力、知恵、指導力は並大抵のものではない。その精神力の深さは男を動かす。今の女性は世界の流れに身を任せ、日本の女性本来の姿を見失っているようだ。

日本の歴史に冷静に目を通せば、縄文時代であれ、弥生、古墳、飛鳥時代であれ、男女の差異は少なく、女性優位であった。奈良平安時代と唐風朝鮮文化に影響されたが、鎌倉以後は日本独自の文化風習に戻った。明治時代からは急遽王政復古論がなされたが、無条件降伏をして、新たに民主主義の戦後教育がなされた。しかし、教員の上層部の管理者は男性ばかりで、戦前教育で身を立てた人たちであるので、教育改革ができず、ガバナンスが身に付かず、暗黙の集団的論調、集団兵役教育を行っているのである。

これからは重層的な価値創造教育が必要とされる。単に西洋で行われた事象として、示し教えるのではなく、今現在の現象を自ら確認し、モノゴトを資源として捕らえ、自分の業務と資源を結び付けて実行する仕組みが必要である。10年後、50年後を設計デザインする能力を創り出す教育に大転換することになり、そして、無形価値を中産階級（地球市民の90％）に配布する法の制定をなす村里としての生活空間が重きをなすことになったのである。

このようなグローバル情報社会になって、ＡＩ社会にも突入したのだ。日本固有の文化風習、特に女性文化の感知力は、これからの市場競争力である見えない価値、創造価値、創造知の発展には欠かせないものなのである。

第III部

民主、民、村人、そして人としての責任。

人が働くとしたら、働きがいのある人間らしい仕事に就きたいものである。「きちんとした」「まともな」「適正な」仕事をしたい。「公正で好ましい条件での仕事」「自らの意志で決めた仕事」をしたいものである。

世界中で経済が繋がっているので、世界中が民主資本主義として運用されているとは限らない。民主資本主義とした国でも、その運用は帝国化した行政を行い、自由民主資本主義で運用していると言ってはばからない国家も存在する。共産主義統制を行い、金融株式市場に参入する国々も存在するし、部族長が国家を仕切り土俗的な商取引をしている国々も存在し、宗教的な統制を前面に出し、世界と商取引をしている国々も存在するのである。

このような商取引世界経済の中で、これからの21世紀、働きがいのある人間らしい仕事とはどういうものなのかを指し示すミッション、オプション、ポリシーだけでなく、目に見える設計デザインを表すことが必要な時代に参入したのだ。

そのためには各働き手、市民、村人、それぞれが民主としての責任を果たさなければ、民主主義が創設されたギリシャ・ローマ時代から、民主国家は成り立たないシステムなのである。

第12章

独立型
ガバナンス産業
の確立。

これからの社会は、今までの会社形式では企業間においてトレードオフの関係になり、強い者が勝ち残る企業になり、公正、公平な企業競争にならず、偏った企業組織形態になって、国全体の弱体化は避けられない経済社会になってしまっている。

そうならない企業形式にしなければならない。新しい社会の産業構造組織も今までとは大きく異なり、産業組織自体のガバナンスが競争力に大きく関わるし、国を超えた金融競争はゼロサムゲーム化しているので、行政組織もガバナンスが効かなければ、グローバル市場競争に負けることになってしまっている。

言い訳集団化していまい、敗戦立国化を繰り返すことにならないために、働き手一人ひとりが働き手として、各自の自負が必要になってきているのである。

これからの産業は見えない価値、簡単に言えば、サービス産業が大きくなり、大変化する時代である。人間が働くとしたら、人と人の間に存在する人間としての悩みを紐解き、満足を多くすることを重要視したいものである。

自分と他者との人間関係を平準化する過程で、新しい見えない価値が増産された場合、自分と他者の配布を自分のものばかりにせず、民主的に他者を優先させなければならない。

その場合に規範、ルール化が必要になっている。人類の平等は経済的な平等の実現なくしては成り立たない時代である。

働き手は企業経営者や行政、政府が課題解決に動くのを待っていてはいけない。働き手として働きかけ、動かさなければならない。働き手として、働き手の集団として、人類として成長を続け、活力ある中間層として、何が最も重要であるかを公言し、働き手が誇れる中間層になれるような企業経営になることが待たれている。

01 働き手としてのCSR組織的社会的責任。

働き手としての目線で社会を見渡す時代に来ている。単純に労働者になって働く時代ではない。いつでも経営者や消費者や投資家になったり、業者、サプライチェーンになったりできる社会である。働き手は自分の意志を大切にして自分の責任で決め事して、いつでも企業を辞めたり、起業したり、山の中で、一人で研究したりできるのだ。

しかし、社会倫理に従い、社会や地球環境に損害を与えることとしてはいけない。個人としての企業運営にあたる場合においても、企業利益よりも社会的、環境的利益を優先させる会社活動をすべき時代である。環境に持続可能性がない社会では、働き手としての自由が保てない社会になってしまう。働き手は会社の一員として会社の内部の責任を放棄したり、自利に走り込む輩に対して倫理を尽くす責任があり、働き手は社会の一員の消費者として、無責任な企業、製品、商品を発見し、淘汰する社会的責任がある。

働き手として最も基本的な活動は、すべての利害関係者全体に対して説明責任を果たすことである。会社の中で、①に言葉で他者に伝える訓練をしておくことが大切だ。②にグループ内でのコミュニケーション力を養っておくことも重要だ。③に自分の公正さを保つことが最重要課題である。投資家に対して企業利益の確保を説明するだけのことではないのである。

(1)　具体的には働き手、自分として社会に対して持続可能な環境説明を果たさなければならない。誰々さんが言っている。誰々がするだろう。自分は遊んでいたのでは成り立たない時代である。

(2) 従業員、同僚、後輩に対しては人権、労働安全、衛生に対しての説明しなければならない。俺の言うことを聞け、空気を読め、忖度しろ、いい加減な評価を与えては社会が崩れ去る。

(3) 地域、故郷、古里に対しては雇用創出、起業創出等の説明をしなければならない。古くなった法規を保ち、今まで通りの化学廃棄物はそのまま廃棄し、埋め立て地に処分する。古いままの税制をそのままにして、新しく提案される法案に目が向かないでは地域そのものが存続できず、荒廃してしまう。

(4) 消費者、暮らし手、遊び手に対しては品質等、今までとは異なる新しい価値を付加した品質を説明し、提供、供給を十分にしなければならない。工業化時代、この品質で大成功したのだから、この方法で作り、そのままにして消費しなさい、では一億総下流社会になり果て、豊かな暮らしは遠のく。

(5) 外注者、業者、下請けに対しては取引関係、腐敗防止等を今までとは異なる手法で説明しなければならない。下請けサプライチェーンは発注者に従い業務を受けろでは成り立たない時代だ。業者として技術を維持する取引情報をある程度与え、職人としての利益を確保させなければ、弱い業者、下請けが自然に退出させられる社会なってしまっているのだ。

(6) 顧客、見込み客、固定客に対しては、個人としての顧客に説明するのではなく、B to B（組織団体対組織団体）としての説明をしなければ存続できない時代である。顧客そのものが個人としての能力が今までとは大きく異なり、向上したのである。働き手は一段と能力が向上した顧客に対して一段と向上した説明をしなければならない。今まで通りの商取引では顧客は自然と激小化してしまうのだ。そのような常識にとらわれる教育では世界に取り残される時代である。ＣＳＲ、会社組織団体の社会的説明を働き手として十二分に心得ておかなければ、グローバル社会に取り残される時代である。

02 働き手としてのCSV社会的価値と経済的価値の共有。

CSVとは「Creating Shared Value」単語として、クリエイティングは創造している産物と翻訳される。シェアードは、①共有された、②使い分けられた、③共通して持たれた、④分かち合った、⑤分け前の、⑥役割の、⑦割り当ての、⑧株の、等の意味に翻訳され、バリューは①価値、②価格、③評価等の意味に翻訳され、複合的な意味合いを持っていて複雑である。例えば、

(1) 共有された価値を創り出す商品、産物。
(2) 使い分けられる価値を創造するもの。
(3) 分け前の価値を持つ創り出された商品。
(4) 割り当てられた評価を創り出すもの。等

CSVは何重にも意味を翻訳できる。つまり、何を言っているのかと言うと、新しい

価値を創造することがこれからの企業だと言っている。日本では単純にＣＳＲと同じような社会的責任を負う、人としての認識として翻訳されているが、ＣＳＶは大きく異なり企業活動、組織活動そのものを表現しているのである。

外国の言葉の意味を翻訳する場合にも、自己の利だけに走らず、他者の利を介して、本来の意味を掘り下げねばならない。ヨーロッパ連合や米国ではリベラルアーツが基本にある人によって、リベラルアーツがある人に話されることを前提にしているのである。東洋的価値観や部族的価値観の人が翻訳すると意味が異なる場合があり、混乱している。

ＣＳＶを翻訳する場合にも、民主資本主義にベースを置いた教養が基本になっている。社会的貢献をするだけでなく、具体的に社会的な課題を解決する産物、商品をつくり込み、商品化し利益を出す企業組織活動そのものを行うことなのである。そして、持続可能な成長をしていこうとする企業としての戦略なのだ。企業や組織団体が経済条件や社会状況における課題を解決する産物、商品をつくり、生産性を高める企業、組織団体になることである。

日本では生産性を高めるという意味も曖昧に翻訳してしまっている。工業生産型での生産効率を向上させることだと思い違いをしている。曖昧にして30年が過ぎてしまった。生産性の向上には、品質、コスト、スピードの3要素を同時に達成させることができる時代である。品質のみ、コストのみ、時間のみの削減だけで満足する経済社会ではない。前世紀の評価をそのまま使用しては、21世紀、ICT情報社会では生産性向上と言わない。

品質、コスト、スピードを同時、同次元で処理することが可能な時代に入って30年、40年が過ぎようとしている。21世紀、世界では新しい価値創造の世界に入ってしまっている。そのために新しい商習慣に合わせたルールをつくろうとしているが、日本は参加できない遅れた法規、商取引を断行しているので、世界での商取引の評価が下がり続け、世界での評価が最下層になっているのだ。

世界では「社会的価値」を「経済的価格」として商取引に持ち込む動きが出始めている。そして、世界は米国、欧州連合、中国と3極化したデジタル経済にはまっている。民主資本主義自体が自利のみに走り、他利、地球民総中流社会（地球人民）として認識しようとしないで、自国、超金持ち主義からぬけ脱せず、強権的にうろうろして混迷しているようだ。欧州連合はこれだけ混沌とする中で、コミュニケーションと交渉力を備えている。欧米間で新たな合意ができるデジタル経済にふさわしい枠組みをつくり、東洋的な資本主義を乱用する中国に対処すべきである。

世界では民主資本主義が、ソ連崩壊から金融資本主義化し、貨幣経済取引よりも信用経済取引になり、実体経済が複雑化している。低金利だけで、好景気経済に誘導されないので、借金、負債は計算上いつまでも残しているのである。

話を元に戻すと、論理だけでなく、さらに、新しくなった経済社会において、創造価値を生み出す企業として操業（operation）することを言っているのである。新しい21世紀経済で、働き手としての価値創造経済〈価値会計価格〉での持続可能な成長をする企業として成り立つように、早い着手が求められているのだ。

03 働き手としてのESG持続可能な社会的投資責任。

2020年に入って、金融ネット社会経済と生身の人間が働く社会経済が遠くかけ離れた理論での議論が続いている。

GAFAの株式総額は東証一部上場全体を超えた。電気自動車のテスラの株価が日本のトヨタの株価を超えた。そして、世界の人民や日本の人民の格差が拡大し続ける。各国の中央銀行は超低金利政策をそのままにして、負債を増やし続けインフレ待ちになっている。つまり、金融ネット経済と生身の人間経済を同時に、論理を展開していないし、話し合おうとしていない現象ができているのである。

しかし、複雑化したこのような生活要素をすべて合わせて話し合うことができるデジタル時代になったので、皆で活用しなければならない時代なのであるが、世界中で他人任せ、組織の上下関係論が浮上し、強権的経済運営、政治形態になっているようだ。抜け穴がない深い底なし沼、中世経済論で、世界中が日本化に進みつつあるようだ。
30年程前に日本に与えられた世界の指導性を放置、放棄してしまった日本の責任は免れない。日本が新しい構想デザインを実行しなければならない時代である。ユーラシアの東の果ての国に、世界中の人々が耳を傾けてくれたのに、日本人たちは他人事として冒険を怖がってしまった。「今まで通り」を歩き続けているのである。それでいいのだろうか？そんな人は日本人にはいない。日本人としての「誇りと尊厳」をふたたび取り戻さねばならないのである。

働き手とは、日本人として東の日出国としての誇りと尊厳を持っている。西欧諸国とは異なる21世紀の新しい民主資本主義における全く新しい構想を組み立て、諸国に先駆けて実施を重ねなければならない。ビジョンとミッションとオプションとポリシーを示さねばならないし、日本人的な文化コミュニケーションを使い実施を重ねなければならない。

ESGとは、環境（Environment）社会（Social）ガバナンス（Governance）である。株主である機関投資家に広がっている。今まで通りの財務情報だけでなく、新しい経営要素としての新しい価値を評価した投資をしようとする動きである。環境とか社会とかガバナンス（統治）に投資することは企業利益にはならないとしている企業は、第4次企業改革に取り残され、ゾンビ企業化してしまうのだ。

新しい見えない価値に投資することは企業利益にもなるし、企業ブランドの向上に繋がると世界中の投資家が動き始めた。日本の投資家も乗り遅れたら大変なことになることに気付かなければならない。これからの持続可能な成長産業には参加できないことに気付かなければならないのだ。世界の流れに参入するためには、日本人本来、縄文からの歴史文化を紐解き、意識革命と第4次産業革命を基本に戻り、学び取らなければならない。

投資においても投資家の権利ではなく、投資家の責任が問題視されている。金儲けのために単に武器、たばこ、ポルノ、ギャンブル、原子力発電、化石燃料等に投資をしないことが求められ、倫理的な要素が求められている。そして、投資家の意思決定において今まで通りの財務情報だけでなく、ＥＳＧ、すなわち新しい価値、創造的価値、見えない価値に投資し、持続可能な成長をなす企業投資する意識が求められているのである。

環境、社会、統治というものだけではなく、概念、考え方が重要さを増している。組織が社会に対して果たすべき使命の実現を目指すために、組織が共通して持つ価値観も重要さを増しているのである。

組織の中での「統治」と「統制」では全く異なる。

日本の歴史文化の中ではもともと縄文時代から統治が当たり前だった。朝鮮、中国の統制文化が奈良、平安と続いたが、鎌倉、室町、戦国、江戸時代と統治が行われていた歴史文化が存在する。そのような国はヨーロッパ以外の日本にしかない。民主主義では　ないが、住民主体の統治された村里、歴史文化の国なのである。

歴史的な遺産として、住居の跡地を歴史的に見てみるとよくわかる。中国・長安の歴史都市を紐解くと時代ごとに北向きの住居跡が残っている。その時代ごとの通りの広さや生活様式が事細かに遺跡として出てきている。みんなどういう訳か知らないが、北向きの朝廷帝国様式住居ばかりである。約3000年間変化がないようである。北京は今も同じである。

日本は奈良、平安と北向き朝廷文化になっていたが、鎌倉以後には北向き住宅はなくなっている。飛鳥時代、聖徳太子により、法隆寺から飛鳥の飛鳥寺に向かう直線道路が設置され、南東に向かう都市計画がなされていた遺跡跡がある。飛鳥時代後期まで、南東向きの都市計画が日本では当たり前であったのである。住民全体が南東に向かい、朝日を拝し、一日を始めて、男は耕作地へ行き、用水路を調べていたし、女は飲み水や食べ物をつくっていたのである。朝日の出る位置で季節を計り、その日の天気を測ることを婦人が行い、夫とコミュニケーション（会話）を行い、一日が始まったのである。そして、八百万の神々として、世界中の人々、信仰を受け入れてきた心持の文化歴史がある人民である。世界の諸課題に立ち向かう要素を持ち合わせた数少ない人民ではないだろうか。

第13章

食生活。

「自然な食べ物」、化学薬品や有害な人工化合物の入った農薬や肥料を一切使わない食べ物を食べたいものであるが、現在、自然のままの耕作物は存在しない。自然の肥料を使ったとしても、約50年間は土地に残存物が残り、自然な耕作物はない。家畜にしても、大量の化学肥料の植物を食べているから自然な肉はない。つまり、この世には自然な食べ物がないことになる。

これからの世の中、何が起こるかわからない時代、人類は存続できるのであろうか。新型コロナや感染症や新型病等に対処することが必要である。想定外では許されない時代であり、想定される課題である。

つまり、農薬や化学肥料を一切使わず、使ってない土地、含んでいない水を使用した食べ物を食する文化風習の豊かさを身に付けたいものである。そのためには、自ら農作業や牧畜に参加、実施し、自らつくったものを食べなければならない。何がしかの残留物が含まれた食品になってしまえば、子供たちも食し、化学物質が知らない間に体の中に負の遺産として蓄積されることになってしまうのである。

自然な食べ物を食するほど豊かな生活はないのだ。

01 飢餓。

現在、農業や牧畜業であれ、工業時代の大量生産、大量消費がなされ、大量の貿易や輸送が行われた経済状況とあまり変わりはない。各国間で企業の収益競争がなされ、国ごとの貿易競争が増しているのである。

農業時代から重工業化時代になり、情報化時代に大きく変化したのであるが、各国は直近の収益計算を優先する経済へと進み、問題が放置され、国家企業利益競争が激化し、米中摩擦問題にもなっている。地産地消と言われるが、各国の生産産業構造はまだ工業化時代の企業として成り立っているので、農牧経営者もその労働者もまだ工業化時代の産業労働者としてしか扱われていない。そして、農牧畜関係者も大量生産、大量消費の消費体験者なので、新しいデジタル時代に対応できない経済技術労働者なのである。

米国にラストベルト地帯が存在する。重工業と製造業の重要な地域である。1960年代から、低賃金国に仕事が奪われ、1970年代に経済はサービス業へ移り、1985年代から為替レート競争が始まり、2000年代から無人化機械化が始まり、労働者の人口は減少して、産業革命が如実に起こった地域である。産業構造革命が現実に起こり、経営者と労働者の収益の格差も如実に表れた地域である。諸課題が顕著に残された地域なのである。

情報社会では農業従事者や工業従事者を含めた産業構造改革を行わなければ、資本主義市場主義における格差社会の拡大を引き起こしている。

新しい産業が興り、住民主体、人民の自治がなされるアメリカ合衆国であるはずなのだが、ラストベルト地域の住民たちは「人民の不満」を何故かクリントン側に押し付け、共和党としてのトランプ側に投票し、2017年1月からドナルド・ジョン・トランプがアメリカ合衆国の45代大統領に就任した。

世界の経済構造が大きく変革しているのに、世界での話し合いによる交渉ができず、世界共通のルール化ができないで、自国優先交渉ばかりが目立つようなデジタル戦略がなされている。問題は経済構造が変革しているのに、ラストベルトの労働者や下請け関係労働者を放置させたことによる。労働者は黒人やスパニッシュ労働者との人種問題に目が移り、自分たち、労働者の労働者による労働者のための問題を解決しようとしなかったことが原因である。

世界中にラストベルト現象が波及し、問題をそのままにして、話を外側に持っていくポピュリズムが広まって、富裕層はますます資産を増やし、サーバースペースのなかで健全な人民よりも、不満を増幅させた人たちをあおり立てる現象が起きている。自国優先主義と帝国主義に話がかき乱され、世界中の働き手、人民の話にはならないのだ。働き手、人民は世界中の農産業者や牧畜業者までも含めた労働者組織経済改革がなさなければ新しい産業革命（ＤＸ）にはならない。

さらに20世紀まで、労働者になれない最下層の人々を救う支援金活動が盛んに行われていた。政治活動や行政活動や市民活動も労働者全体の問題ではなく、最下層の人々の問題の話ばかりで、中間労働者、中間所得層の問題に議論を進めない課題が存在するのである。そのようなポピュリズム活動が政治的戦略として行われているのが現状である。

さて、世界中の貧困をなくすための課題であるが、今まで通りのような貧困をなくすための支援金をばらまく手法では解決策はつくれず、さらに混乱を招くことになるだろう。貧困に苦しむ人たちへ資金を与えても、その国、その地域の為政者が配布者になるので貧困者に渡らず、為政者への政治権力になっている。アフリカや中東や中南米等の住民全体の飢餓の救済にならないのである。

新しいデジタル情報化社会に入り、時代をさらに進め、世界に飢餓の人を一人も残さないことが望まれる。飢餓を解決するには、住民が公平に毎日の生活における最低限の食べ物を維持し、実施されることによって成り立つと思われる。

デジタル情報化の時代、おのおの住民自身がPeople（人民）としての自覚を持たなければならない時代へ参入し、各国の貧しい生活の中で、各自の豊かさを求める時代に来ているのである。時代は新しいデジタル世界へ入り、便利さが増し、便益が増大している時代である。アフリカの大地はまだ先進国と同じような残留物や化学肥料に侵されていない地域が豊富にあるはずだ。

アフリカやヒスパニック系の人たちも今までと同じような文化歴史観でなく、ニューノーマルな生活を描く責任も存在する世界に突入したのである。まさに、一人も残さず、世界中の飢餓をなくすことが求められる時代である。デジタル情報化社会は、アフリカ人であれ、自国の文化歴史だけを信じ行動するのではなく、誰でもが世界中の知恵や文化歴史をまずは取り入れて、自分として学び取ることができるＩＣＴ時代なのである。

02 食品ロス。

現在、スーパーマーケットがどれだけの食品ロス(48)を出しているかを知っている日本人は皆無である。農業従事者、梱包者、食品製造者、輸送者がどれだけの食品ロスを出しているかを知っている人も少ない。

食品ロスは、日本では643万トンであり、世界では13億トンである。食品廃棄物(49)としては、日本は1970万トンを廃棄し、捨てている。食品ロスを縮小する行為は存在するが、今までの仕組みをそのままにして、努力した振りをしているだけのことである。世界中ではどれくらい食品廃棄物を毎日、出しているのだろうか。どれだけの人々が困窮し、食べ物がなくて、苦しんでいるのであろうか。皆が気にかけない振りをして、そのままにしているのと同じである。測りきれないムダを出して、世界に多くの飢餓者を出しているのであるが、一般消費者自身が何も知ろうとしていないのである。

食品ロスは大量生産、大量消費時代の負の遺産であるが、まだ皆、知ろうとしていない。気にせずに、毎日の生活を送っている。何故だろうか？　不思議である。

川の流れに同じものはないが、過去の成長時代を忘れずに、先延しばかりして、将来世代へ返済できない膨大な負債を残して、平気な顔をしているのが現在の経済社会である。

解決策を簡単に言葉にすると次のようになる。

①地球規模で考え行動する。
②自ら違いを受け入れ、学び取る。
②未来をつくる。
③自然に合わせた生活する。

社会全体の風潮が新しい社会とつくろうとしていない。昔の経済生活を変革できず、そのままにして、新たな経済社会生活を知ろうとしないからだろう。地球規模で自ら、食品ロス、食品廃棄物を出さない生活をつくり、移行しなければならないのである。

そして、世界へ伝えなければならない。

世界で、特定人物の銅像や記念物を撤去する動きが頻繁に起こっている。奴隷制や人種差別の象徴としての銅像を撤去する動きである。初代大統領のワシントン、3代大統領のジェファーソンであれ、奴隷所有者だったことは事実である。道徳的な基準は時代、時間の推移によって、正されるのである。

我々自身は、そして未来の人民は、自らの道徳基準を信じて行動する。歴史的人物から学び取ることは大切だが、その人物を称えることとは別である。つまり、時代が進めば今までの古い常識に捉われて、行動したり、見たり、聞いたり、言ったりしている人たちはすべて正されるのだ。

これからの生活の中で、「食品ロス」「食品破棄物」をそのままにして、ムダを当たり前として、先に付け回しをして、正されないことはない。いつかは暴かれ、正されるのだ。早い着手が望まれている。自ら、食品ロスを出さない生活をはじめることである。食品ロスを出さずに世界中の飢餓をなくす仕組みづくりの生活を、今からすぐに始めるべきなのである。これからの生活は豊かさが増えていく生活である。地球のすべての人民が豊かさとは何かと問い続ける生活が始まったのである。

デジタル情報化時代に入り、情報技術が向上し、便利さが向上し、便益も向上しているが、未だに、ＧＡＦＡは自社の利益のみに特化し、ＤＸ（デジタルトランスフォーメーション）企業がデータやデジタル技術を活用し、組織やビジネスモデルを変革しつづけ、価値提供の方法を抜本的に変えることより配出される便益が増大した。しかし、経営者層は自分だけ、金だけ、今だけに使い込み、世界社会に配出しようとしていない。ＧＡＦＡに対して欧州連合では以前から新たな法整備をしようとする試みがなされていたが、ようやくアメリカ合衆国も連邦議会で討議され出したが、日本ではまだ完全に蚊帳の外である。日本では全く新たな法規を創り出した経験がないからだろう。

価値提供の方法とは新たな価値を与える手段、つまり新たな価値が出来上がったが、その価値を伝えるにはどうしたらよいのか。新たに創造された新たな価値、創造価値がつくり出された。その価値をどう活用するか、という時代である。その価値を如何に自らの生活に活用するかが問われているのである。そして、その価値の扱い方の法律を世界でどうするのかが問われているのである。

自ら生活し体験して、市民として法律づくりに参加しなければ、GAFA自体が自分勝手に使用する法律にしていることになる。つまり、古い今までの法律に合わせた価値の扱い方で、まだ市民たちに十分に認識されていないので、新たな価値は自分たちのため、自社の利益獲得に特化して使用できるとして、荒稼ぎをしているのである。組織経営者に正義はない。正すためには人民が新しい時代に即した生活の規範を自らつくり、実施し、GAFAのような遅れた悪徳商人経営者たちを正さなければならない。世界経済成長はマイナス60%になろうとしているが、株式市場は株価が下がらない。実質経済とかけ離れた信用取引で超資産家だけが利益を生む市場経済でもあるのだ。

今は、信用市場経済と新たな価値創造経済の二重構造にさいなまれている。40年程前の先送りは現在の経済厚生に負荷を掛け続けていることをも認識しなければ、健全な再構築はできない。食品ロスも出さない新たな時代に対応した豊かな生活を行い、負の二重構造に負けない新たな生活の法規、規範を自らつくり、対処しなければならない時代へ参入したのである。

03 自然食品。

食の安心、安全を求めて生活することは当たり前のことだが、完全無農薬、完全無化学薬品食品は現在ではどこにも存在しない。何かしらの化学残存物が残っている食品を、我々は科学的な安全基準以内であると信じて、食しているのである。

科学者任せで生活しているようなものである。各国の科学者の評価基準は異なっているし、科学者自身も現代の情報技術の再転換に振り回され、曖昧さが増しているのである。食物の種子の商取引法の改定による問題点が噴出しているが、科学界でもあまり問題を表記されないし、マスコミ報道もされない。自分、家族、子供たち、将来世代のために食するには、自分で、自分自身で食の品質管理をしなければならない。

科学者自身の発言の信頼性が劇的に縮小化している。時代的価値観の転換に伴い、社会様式が変化するパラダイムシフト[50]（当然と考えられていた意識や思想社会全体の価値が革命的、劇的に変化すること）が起きているが、科学者自身も対応できず、発言が二転三転しても気に留めないで、まるで政治家になったような言い回しをして、不思議な現象が起きている。

医療施設や他の学会においても同じことが言えるようだ。科学者の社会的責任が問われている。科学者は不正なものに対して説明する責任がある。さらに一般社会に対して応答する責任が存在するのだが、責任を果たしていない。西欧諸外国では当たり前のことであるが、日本ではまだ学び取っていない。

ＩＣＴ社会では人間は社会的な距離をとるようになり、マナーの脆弱性がハッキリしだし、昔から日本にあった村社会、公共社会、人としての繋がりが衰弱性を示しだし、健全なデモクラシーの屋台骨を崩し出している。ＳＮＳに対しても早く法的な規制をかけるべきである。既得権者の便益を優先させてきたことへの問題点が山積みになっている。公正と正直という倫理的問題がすべての課題に付随してきたのである。知的文化そのものに目を向けて、世界中の市民、人民、村人も科学者もSNSを法規制するように向き合うべきである。GAFAに対しても同じように法規制をしなければならない時代である。

健康と経済が同居する世紀に入ったのだ。グローバル化に伴い、世界の国内総生産（GDP）に占める貿易の比率は低下傾向にある。アメリカのラストベルト問題も政治運動化しだし、世界のサプライチェーンの脆弱性をあらわにした。生産が一部の国に集中し、物質の不足が起きて、敗者を生み出し、中間層の低所得者層化が進み、さらに自動化、ICT化は格差社会を生み出している。しかし、グローバル化は明らかに世界の多くの人々を貧困から救った事実もある。世界は事実上、金融資本と国際貿易で動かされているが、21世紀に入り、人間の健康を維持することを含んだ産業化の時代に突入した。すべての産業がほんの少しでも人間の健康を害することがない産業へ転換した時代である。

そして、20世紀に通用した規範、法律を21世紀にも通用する規範、法律につくり替えなければならない時代である。転換に入った新世紀において、前時代の振る舞いをしたら罰せられる。そして、そんな人たちは存在できなくなるのだ。

ギリシャ、ローマ時代であろうと、自由民主資本主義を創りだし、維持するための戦いを、住民自らが、自らのために戦ったので、勝ち取れたのである。自由民主資本主義は与えられたものではない。世界市民すべてが勝ち取って存在するものである。人類の長い歴史が証明している。帝国主義や権威主義になびいた人たちは駆逐されたのであり、駆逐されることは明白である。

04 運動、体を鍛える。

健康に食し、生活するには自らの体を自ら鍛え、運動しなければならない時代である。体を動かさず、贅沢な生き方をする人たちが、また憧れる人たちが存在するが、地球はＩＣＴ時代からまた新しい時代に入り、以前とは全く違い、狭くなった。新しく開拓される土地や水、海、空気、大気等は存在しない。まだまだ大丈夫、存在しているという古い時代のままの既得権者が存在するのみである。そして、現在は地球市民全員が問題をはぐらかされ、ポピュリズムに振り回されているのだ。

冷静に地球社会を見て、気候変動への対策が世紀を超えた戦いとして、地球人皆、地球市民として戦わなければならない時代に参入した。脱炭素を進めることを無視した経済は非生産的である。生産性に乏しく、生産の逆方向へ向かい、新世紀における価値創造の生産を下げている。そして、工業化時代の生産方式に頼り切ってしまっているのである。地球はさらに便利になり、地球はさらに狭くなっていく。地球人のみんなが豊かに暮らし、豊かさを味わうことができる時代が来ているのだ。自然の中で体を使い、健康を維持してきたことは長い人類の歴史から学ぶことができる。

医療の課題も、近代的医療からＡＩ等による医療へと大転換する時代へと転換した。現代の医療の問題は医療の請求額の最大化にある。最先端の医療装置は巨額のものになり、製造会社から医療法人に請求が来るため、医療費が高くなり、医療関係者も労働者として、高収入を得ようとする古い資本主義に惑わされている。本来は、「医は仁術なり」と言われてきた歴史が存在することを忘れられてはならない。そして顧みなければならない創造価値が新しい要素として、探求しなければならない時代なのである。

すべての構造的業務要素でもあるのだが、医療を行うにあって、
①患者と医者との会話の延長、患者と医者との共感、癒しができること。
②医療機器の精度向上。
③医療費のコストダウン。
以上の3項目を同時に達成することが求められているのである。

新時代は新しい価値の創造時代に入ったのだが、バラバラに達成しようとして、問題が膨れ上がってしまっているのが現在である。現代の構造的経済モデルは、現金で始まり、現金で終わると思い込んでいる。経済モデル自体が間違っているのである。

人的資本や自然資本を活用して、経済活動を活性化させなければならない。金だけ、収入だけに目を向けた経済モデルでは未来は開けない。人や自然にお返しをしなければならない時代である。この世界の中心に、生命体としての人間と自然の生態系が存在することから経済を見なければならないのである。

健康を維持する点で、最近、気にかかることがある。都市のデパート、百貨店の経営が成り立たなくなっているそうだ。デパート自体の棟数も極端に少なくなっている。都市の

中心部に空き地、空き家を生み、都市の衰退が加速度的である。20世紀と同じような街づくり、都市づくりでは経済は再興せず、空き家化が進み、住民の負債が膨らむばかりである。20世紀、高度成長時代はデパートで寛ぐことはステータスで、皆が街の中心のデパートで会話をしていたのであるが、現代では住民が魅力を感じなくなってしまった。「自然の生態系」と「生命体としての人間」の要求が無いからである。これからの都市づくりは、中途半端な自然環境でなく、自然の中に村があり、時間的なゆとりの中で体を働かせ、寛ぐ場づくりなのである。１００歳の老人も0歳の若者も集まり楽しむ街づくりである。もちろん、男女の出会いの場づくりでもなければならない。これからの都市づくりは自然地をいかに創りだし、自然地自体に教えられるものがあることを将来世代へ伝える街づくりなのかもしれない。

東の日出る国の縄文文化住宅、茅葺き屋根、すすけた囲炉裏等、これからの時代、感覚的要素を身に付ける自然がどれだけ大切かは明確である。自然の中で木を伐り、炭をつくり、空気に触れるみずみずしさを味わうのである。水の流れがあって、家があり、池があり、魚が存在するのである。

05 ケアファーム。

農福連携先進国オランダに学ぶことにしよう。ケアファームとは、農業と福祉の連携事業の形式で、日本でも参考にできる。介護と農業を合わせた事業のことで、ケアファームの運営はケア従事者と農業従事者とボランティアと研修生で行われている。

森に囲まれた美しい大自然の中で、鶏、豚、牛を飼い、野菜、果物、ハーブなどの有機野菜が栽培されている。平日の月曜日から金曜日まで昼間は障害者や養老者が来る。週末は障害者や子供たち、親たちが来て宿泊施設を利用する。活動を地域や社会に理解してもらうために、毎年一回、農場を地域に開放して「オープンディ」を開くそうだ。オランダと日本と大きく異なるところは、オランダでは障害者を幅広く受け入れるが、単なる障害、介護施設ではない。

オランダでは障害者と呼ばないで、「ハンディキャップドパーソン＝精神的・肉体的にハンディキャップを持っている人」と言われる。つまり、ハンディキャップを持っている人が一人の人間として扱われる。手助けはするけど、障害者を一人の人間として、対応するのである。西欧諸外国では当たり前であるが、日本ではまだ対応できていない。

Care Farm（介護・農場）は様々な利用者が緑豊かな自然の中で一緒に一日を過ごすことが大切なのである。収穫、雑草取り、動物の世話、餌やり、畜舎の清掃を障害者、パーソン（利用者）が行い、単にくつろぐのではなく、太陽のもとで活発に体を動かし、農作業に勤しむことが重要なこととしている。そして、一般の人間として活動する誇りを回復するのである。日本と異なることとして、家族、友人、地域の人が介護を行った場合、給付が受けられるようだ。子供たち、孫たちには給与として支給されるとのことだ。介護を大自然の農業従事者のもとで行い、単に障害者として扱わず、人間として回復させることを目的にしているのである。

つまり、日本でも介護をして、森を再生し、心を再生し、地域を再生し、一人前の人を創り、新しい産業を創生するのである。もともとあった日本の自然を取り戻し、子供たちの豊かな生活を創り出し、地球号の大自然を資源化して、新しい21世紀の産業へ着手しようとしているのだ。

今、日本は山村、中山間部、農村の空洞化が進行している。工業化としての高度成長としてコンクリート化を山間部まで持ち込み、森、谷川、山村、扇状地を近代化と言ってコンクリート化し、災害が何度となく起こり、おびただしい問題を山積みにしてしまっている。造作山林やハゲ山は崩壊し、ダムは調整できず河川を氾濫させ、土砂や外国種の木材が山村を襲い、河口付近の街並みも、コンクリートの2階、3階までも浸水させている。日本国中どこにでも起こりうる災害が多発している。自然災害と言い、支援金を配布する行政行動を今も取り続けている。

21世紀は20世紀とは大きく異なる社会であり、日本全体のインフラ整備は今までとは大きく異ならなければ、日本は大きな損をすることになるのだ。

そこで、介護医療と農業、そして自然環境整備と災害対策と都市計画を関連したものとして扱い、新しい産業を興すことを提案する。つまり、農業を6次化産業として、交流産業として、環境資源保全産業として、創造知識産業として、すべてを取り扱う企業として、起業してはどうかと言っているのである。

農業を新産業として扱い、業務を分解し、再構築するために、2文字で業務を表示し、再構成してみる。

①耕作、加工、販売
②観光、交通、輸送
③土壌、水質、空気
④価値、評価
⑤介護、医療
⑥救助、避難
⑦道路、通信
⑧教育、文化

となり、新農業産業の要素を含んでいるものとして扱い、再構築してはどうだろうか。

そして、これからの時代の消費者優先の顧客に対応した企業団体を創出しようというものであるが、これからの顧客、Z世代[51]は安くて、近くて、短時間でも利用できる機能を備えなければならないと思われる。

06 健康医療。

日本は昔、戦後までは訪問医療が当たり前で、開業医は電話で呼び出されて、各家々に看護士を連れて往診していたように覚えている。医者が各家庭に老人や病人を診察しに行き、患者が悩みや問題を相談すれば、すべてを解決してくれたように思える。いつ頃までだかわらないが、すべての医者は信頼が厚く、尊大だったのである。

現在は健康を維持するために、医療項目がかなり多く存在し、専門性が多岐にわたり、対応する専門医を探すだけでも、苦労疲れを起こしてしまう時代である。戦後、近代化という文句に騙されて、混乱が起き、人類的、安心、安全が保てない現象が起きているようだ。健康を維持するためには、医者、科学者だけに頼まず、自己責任として、市民としての自覚が必要になっている時代である。つまり、人類の健康について考え方を新たにする時代なのである。

世界中でコロナウイルスが蔓延し、多くの死者が出ている。人類の健康として、人類とウイルスとの戦いの起源はコウモリと見られている。コウモリから人にうつされていた。自然との関わり合いが問題視されている新たな時代である。産業の近代化や二度の世界大戦を繰り返し、自然を破壊し続けてきた。大多数の人類や生物を殺傷し続けてきた歴史が存在する。

都市開発や近代化等で病原体を持つ野生動物の居場所が少なくなりだし、未確認化学物質との新たな接触が新たな病原体をつくり出し、人間や他の生物にうつり、新たなウイルスを伝搬させている。未知の病原体と人類との生存競争をしているのである。単なる科学者任せにしてきた人類の責任が問われているのだ。森林破壊の防止と野生動物の取引規制の制定を新たにすることも求められる。野生動物の販売が金儲け主義に走り、大きな問題にもなっている。また、化学物質、医療薬品の販売も金儲け主義に走り、ウイルスの増勢に加担していないとは言えないのだ。

ウイルス対策として、ウイルス病との戦いとして、国、地域で戦わなければならない時代である。日本には経済学者の野中郁次郎がいる。その共著に『失敗の本質』がある。日本軍の組織的研究で、なぜ日本軍は負けたのかを問いただしている。

これからのウイルスとの戦いで勝つためには、何が必要かと言っている。あの戦争に軍部はなぜ突っ込んでいったのか？　なぜ止められなかったのか？　を問い直し、これからのウイルスとの新しい戦いにおいて、勝つための戦略、戦術、戦闘を組み立てなければ「ウイルスに負けてしまう」ことになると言っている。

第2次世界大戦の敗北は戦略と戦術が古く劣化していた。戦闘能力のみで戦ったのである。兵隊の優秀さ、軍隊の精神性のみでの戦いであったと言っている。

これからのコロナウイルスとの戦いで、医療現場や介護現場で太平洋戦争と同じことが起きている。野中郁次郎は日本軍の欠陥は戦後社会にも引き継がれたと言っている。つまり、今でも日本には組織的能力が他国に比べてかなり低いと言っている。西欧では当たり前のガバナンスが効いていないのである。「第一の敗戦」第2次世界大戦での負け。「第二の敗戦」バブル崩壊での負け。日銀の金融政策の失敗。そして管理能力の欠如等、欧米の金融自由化に対応する能力のなさが経済での負けをなした。「第三の敗戦」２０１１年３・11、福島第一原子力発電所の津波、地震の組織的対応での負けである。地震大国では対応できない。

日本ではあの戦争での敗戦の後、誰も責任を問われないまま、旧体制がそのまま新体制の座に就いていているようだ。想定外として問題を解決せず、膨大な死傷者、損害、借金を負って、先送りしてはいけない。国民全体、市民が失敗しないための『失敗の本質』から学び取らなければならないのだ。

「第四の戦い」が始まったようだ。全地球とコロナとの戦いである。勝つための戦略、戦術、戦闘が日本には必要である。現場から新しい大打撃の報告がリーダーになされれば、新たに組織全体がスムーズに機能し、敵に対処する戦略を打ち立て、各部署に至急に伝え、具体的な戦術を作成し、現場が納得して戦う、組織機能が必要なのである。

07 自然農園。

「ゆく河の流れは絶えずして、しかも、もとの水にあらず。よどみに浮ぶうたかたは、かつ消え、かつ結びて、久しくとどまりたる試なし」

平安末期、鎌倉初期の鴨長明の言葉である。現代と同じような平安時代末期という世知辛い世の中を言い表している。社会の流れはどんどん変化して、元の要素、仕組みは役立つものは何もなく、ただ時間だけが過ぎてゆく、うたかたになってしまうと言っている。時代は大きく変わり、新たな「モノゴトの社会」へ大変革した。その当時、貴族文化ではなくなり、武士の文化に大きく変化した。現在もまた同じで、社会の流れにそぐわず、経済社会が停滞し、信頼される統治システムになりきれず、うたかたをウロウロしている状態である。

現在は大変革の時代で、西欧型民主資本主義から「東の日出る型民主資本主義」に大変革する時代になったのである。西欧諸国の大陸横断的、開発経済社会（欧米諸国型民主資本主義）は終わり、アフリカの諸民族参加による地球的、糧と報いの経済社会（東アジア型民主資本主義）へ大変革したのである。乏しい状態でも、自然の中でいただきものとして、糧と報いの豊かさを新しい経済成長の資源とする動きである。ソ連が崩壊し、世界は社会主義的、帝国主義が終わり、新たな資本主義の模索をし始めたのに、中国がもとの社会主義的帝国主義経済に戻そうとする動きも出てきている。共産主義（社会主義）と民主主義は根本的に異なる仕組みで、重なることはできないが、残像として残っている皇帝主義、王国主義もこれからの地球社会では存続できないのに、まだ続けることができると思い込んでいる。

第2次世界大戦の敗戦から75年が過ぎた。ドイツと日本を比べながら見ていくと、お互い全体主義で敗戦した事実がある。負の歴史を刻んできたのである。再び独裁国家にならないように、ナチスの蛮行の責任を明確にしているドイツと日本は異なる点が存在する。戦前の明治時代からの政府の蛮行を論じない歴史観が存在し、うたかたを停滞しているようだ。

住民自身が自信を失い、敗北感と劣等感が社会を支配しているようだ。特にZ世代に顕著に表れている。新世紀に入り、希望が持てず、徘徊し、SNS化しているようだ。心理的な問題として放置してきたせいではないだろうか。

日本人には年長者を敬う、東洋的精神的風習が存在する。戦前の経験者、戦争経験者が民主資本主義を話す場合、真面であり、立派であるが、しかし、打ち解けてくると、いつの間にか戦前と同じ精神状態に戻り、負けた歴史を論ぜず、全体主義国家であった事実も認識されていない論法になってしまっている。敗けの連鎖を引き起こし、極右の温床になっているし、また民主、つまり民が主（ぬし）の世界なのに、社会主義化がなされる論法にもなっている。世界中でもリーダーシップを欠く「Gゼロ」[52]現象が起こり、政治社会では「ポピュリズム化」が進んでいるし、「ニューノーマル」金融経済が新常態になってしまっている。

地球上のすべての住民の覚悟が問われている。してもらえる民主主義などどこにもない。おねだり資本主義など、地球上にはどこにも存在しない。

日本の自然には縄文の時代から八百万の心霊が存在する。日本の自然には無限の未来への希望が存在すると教えられてきた。日本の自然が語る。自然から感じるのである。日本の自然の中での生活ほど豊かなものはない。分水嶺、森、谷川、里山、小川、里村等々、大昔から戦わず、あらゆるものを受け入れて、焦らず、あくせくせず、正しい道を歩む歴史が存在するのだ。違いがあっても、慌てたり、諦めたりしないで、違いを当たり前として、面白がり楽しむ文化があったのだ。

江戸末期に近代化に走りすぎ、日本固有の価値観、文化風習を顧みず、西欧化に走ってしまった。明治時代に夏目漱石という人がいるが、『吾輩は猫である』を書した。日本の新たな時代を切り開こうとした人たちがなぜ「自分は従者である」と、お笑いの話にもっていったのか、その当時の日本の人々皆に、伝える「モノゴト」があったと思われる。

それが何であるのか、日本人は皆深い関心を持っていたと思われる。夏目漱石は明治33年（1900年）に英国に留学し、英文学を学んでいる。もともと日本文学、漢文学を学んでいた人である。英文学をそのまま日本に伝えると、日本人自身が元来持っている文化風習がなくなってしまうことに気づき、悩んだようだ。当時のヨーロッパには多くの日本人が悩み苦しんでいた痕跡がある。日本は豊富な雨量を持つ自然豊かな国である。日本の自然全体が農園、遊び場なのである。これからも日本全体を農園化したいものである。

第14章

ガバメントとガバナンスは異なる。

Government（ガバメント）とは、国家の「政府」、または各地方の公共団体などの「行政府」、および「統治者」を意味する語である。Governance（ガバナンス）とは、統治のあらゆるプロセスを言う。政府、企業などの組織のほか、領土等に広い範囲に用いられ、関係者がその相互利用や意思決定により、社会規範や制度を形成し、強化したり、再編成したりすることである。公的な組織だけではなく関係者の相互作用を意味する点がガバメントとガバナンスとは大きく異なる。ガバナンス（統治する）とは市民、住民側が治める工夫をする意味を有するのであり、ガバメント（行政府する）とは作戦行動を監視する意味を有するのである。

西欧諸国ではギリシャ時代から住民、市民が治める工夫がなされてきた歴史、文化が存在するが、日本のような江戸末期から民主主義、資本主義を学んできた民族とはガバナンス等の言葉の意味や常識がずれる場合が存在する。支配される者と、支配する者との違いの歴史が、西欧と東洋では大きく異なる歴史の積み重ねが存在するのだ。

日本人も主体的意識について考えてはどうだろうか。そして、科学、哲学においても言葉の意味、常識に大きな誤差が生じているのである。

西欧では自力で未開の分野の開発をし、新しい発見や発明を旨としてきた歴史が存在したが、権威や威圧に対して住民、市民が統治をすることが当たり前とする文化がある。しかし、スペインであり、ポルトガル、オランダ、バルト3国、イギリス、フランス、ドイツ、アメリカ合衆国であろうと、新大陸を侵略し、他民族を土俗化してきた歴史があることも前提として、Governance（ガバナンス）統治に関する歴史を西欧に学び取らなければならない。

次に、Compliance（コンプライアンス）という言葉がある。追従、応諾、即応という意味を有するのだが、法令遵守と訳される。さらに法令、道徳、習慣を守り従うことと訳され、倫理や個の集団の規則を守ることも含まれる。国に法律があり、行政、企業、団体、家族、個人に規範がある。つまり、規範、ルールは自らつくるもので他者がつくるものではなく、他者がつくってくれるものでもないとしている。例えば、企業に企業内規範を自らつくり、規範があるのであるが、その規範を守る、遵守する関係者として、株主、取引先、経営者、従業員、顧客、公認会計士、行政、地域社会等、利害関係者、3つ目の言葉としてのStakeholders（ステークホルダー）が存在する。つまり、利害関係者は個々人、住民すべての人々のために社会を動かす要素があるのである。

3つの言葉を使い運用するのであるが、歴史文化の異なる人々の間で、民主主義として資本主義を実施運用しなければならない。21世紀、地球市民時代、新しい要素を含んだ、新しい形の民主主義として資本主義を創りこまなければならない。そのためには他の文化や歴史の異民族も民主主義として資本主義を維持、運用するためにも大いに学び取らなければならない点が数多く存在すると思われる。

ガバナンス、コンプライアンス、ステークホルダー、この3つの「カタカナ」を使い込みながら、ガバナンスに関連する、強化、向上、確立、改革、発揮等の言葉との関連を深めたり、体制、機能、構造の言葉との関係を深め、新たに統治のための体制づくりを発展させなければならない。ガバナンスとコンプライアンスという言葉により、運営経営することによる、私物化しない、不利益を被らないために、組織体制内の不祥事を防ぐ統治が必要になるのだ。

組織構造の中において、非倫理的な要素が次第に鮮明になりだし、企業、組織統治のやり方において、国ごとに相違が存在することが鮮明になっている。冷静さがないと、国そのものの体制、機能、構造が成り立たなくなってしまう時代である。前時代における驕り高ぶりは負の遺産でしかない。

今の時代はグローバルガバナンスが重要である。従来のような国家だけが主体ではなく、様々な非営利組織やステークホルダーが関与する仕組みをグローバルガバナンスと呼ばれる。

ガバナンスには能力、手法という意味を有し、統治能力の向上、統治能力の改革として、使われていくことになる。

01 西洋と東洋。

世界中で、民主主義が問い直されている世紀に来ている。民主主義、住民主体の統治体制が何処で生まれたのか。どのような過程を遂げ、発展し、開花し、人間の怠慢で、衰退し、そして再建し、どのように発展しようとしているのか。

世界中の国々の国民は、自国の住民として、自分たちの国の住民主体の統治機能はどうなっているのかを問われている。世界の標準と比べて、自国はどのような状態なのか、どのような程度なのかを明確にしなければならない時代である。この世紀、どのような国であろうと、自国の住民としての住民主体の統治体制を民主的に、平和的に築かなければならない。そうしなければ、世界中が動乱の世界へ埋没してしまう狭いＩＣＴ社会なのである。

信頼できる住民の信用を築くには、総（取り残しは何もない）思考が課題となる。ＳＤＧｓを実施することが課題なのだ。

しかし、部分的な話や議題にのみ、熱狂し、泥沼に入り込み、単に相手をやり込め、自己満足することに終始し、威圧をかけ、統制機能の強化に終始する悪循環に再び世界中が陥っている。為政者たちの権力の維持、拡大化を放置してきた歴史がある。それをまたも繰り返しているのだ。

そして、東洋では東洋的思考として、官僚、住民が下僕化する傾向がある。「怖れる」

という言葉があるが、「おじけづく」「びくびくする」という意味だが、恐がり、心配することがいやだから、おじけづいていることを隠すために早目に畏れ敬ってしまい、「あやふや」にしてしまう思考である。

さて、世界で初めての民主主義はギリシャのアテナイの民主主義である。紀元前5世紀前後、ポリス（都市国家）で行われた。直接民主制で、市民が法律や法案に直接投票した。しかし、すべての住民ではなく、大人の男性のみで、外国人、居住者、奴隷、女性には投票権はなく、成人の約30％だったとされている。

Democracy（デモクラシー）は国家、国民、住民を表す「デーモス」と権力を表す「クラトス」の合成語で、「人々の力」の意味となっている。古代ギリシャに哲学者プラトンがいる。彼の師にソクラテスがいるが、その言葉に「大切にしなければならないのは、ただ生きようとすることではなく、善く生きようということなのだ」というものがある。違法なことをして、生き延びるぐらいなら短くても満足のいく生き方をしたいと言っている。

クオリティ・オブ・ライフ（人生の質＝ＱＯＬ）という言葉で現代に引き継がれている。人生において、正義のもとに何をするかの選択の自由はあるのかと問われているのだが、日本には東洋的思考方法が残り、法を軽んずる政治を黙認する多数派傾向が存在する。そのことを認識しなければ、本来の民主主義を勝ち取ることはできない。

自分勝手に、法も市民をも無視して、所得を拡大し、長く権力を支配する人に従僕する傾向を払拭し、これからの生活を切り開くには、本来の民主主義、「人生の質」を高める人材育成が求められる。各家庭や村々、街々の集まりで育て、より多くの市民の意識を変える必要がある。

ローマもアテネと同じように都市国家として発展した。市民として、発展に尽くした歴史が存在する。共和制のローマである。アテネを手本として民主制を押し進めたのだ。

商業都市として発展させ、他都市間と交流したが、次第に統制者として振る舞い、帝国主義化してしまう。民主主義として、市民としての話し合いの場と武力闘争が同居する遺跡が残っている。コロッセウム（円形闘技場）であり、半円形の劇場である。ローマ劇場として、ヨーロッパやブルガリアやエジプトやヨルダンやリビアやシリアやトルコに存在もする。市民に対して、民意の同意を得る活動が重要であったことを物語っている。

しかし、東洋にはそのような遺跡は存在しない。存在する遺跡は北向きの皇帝の都市遺跡である。北の位置に皇帝が位置し、その前に臣下が住まい、臣下の序列が決まっている。臣下の区域でも、上位者が北の位置に住まう都市計画である。唐の長安城遺跡に見ることができるし、現在の北京の街並みに、異民族であろうと北向き都市計画を実施した痕跡が伺える。皇帝に対して脅威を持たせ、委縮させる都市構造である。時代とともに拡大してきた歴史があり、現在もまだ存在し、拡大化している。

日本でも奈良、平安時代につくられた都市にはその痕跡が色濃く残っている。しかし、日本では縄文の時代から、奴国の時代、卑弥呼の時代、聖徳太子の時代と東洋的皇帝文化とは異にする文化風習が存在した。原型としての民主主義、資本主義を推進した痕跡があるのだ。国々は対等で、平和裏に世の中を進める試みがなされたのである。東の果ての国では北向きではなく、太陽、朝日を拝する東南方向の都市遺跡が数多く残っている国々（郡藩）が存在する。奈良の法隆寺から飛鳥寺に向けては東南向きの都市計画の痕跡が発見されているのである。

02 民主主義の起源。

民主制とは人民が主権を持ち行使する政治である。近代では市民革命によって一般化した政治形態・思想で民主主義に基づく、市民社会である。対義語として、君主制、貴族制、神政政治、寡頭制、独裁制、専制政治、全体主義等がある。

イニシアティブ（住民発案、国民発案）、レファレンダム（住民投票、国民投票）、リコール（罷免）、言論の自由、少数派の尊重、情報公開等も必要とされる。

民主主義を実現するために議会主義を行い、三権分立で権力の分立を図ってきたが、最近は政党、圧力団体、マスメディア等の大衆迎合の影響力が増加している。

1989年、ベルリンの壁崩壊、東欧革命、天安門事件、民主化を求める市民、人民である主権者の存在の表示。

1991年、ソビエト連邦の崩壊が起こり、世界中が一変した。世界が民主主義へ移行した。

2001年、9・11、米同時多発テロ。ニューヨークの世界貿易センタービルに飛行機が突っ込んだ。

2008年、リーマンショックを引き起こした。資本主義経済も、デリバティブ取引(53)が進み、実物経済から遠ざかり、ボルカーたちが健全性に取り組んだが、一握りの高額所得者により蹂躙された。

2010年、アラブの春が起こり、アラブ社会が民主主義社会へ移行すると世界中の皆が考えていたが、アラブの国々が君主、独裁政権化した。

2017年、トランプがアメリカ合衆国の第45代大統領になった。世界はサイバー空間に入り込んだ、民主主義、資本主義、軍事侵略の転換に対して、対応を進化できず、時代遅れの思考ですべての国が対処してきた。

SNS情報の時代に入り、人類の生活は便利さを増し、便益が増大しているのだが、世界の人々は気付かず、一部の高所得者、権力者だけが自由民主資本主義の競争だと言い、勝手に活用し、地球社会全体を翻弄している。ロビイストたちが力を増し、ICT情報を乱用している世界になっている。SNS時代に入り、特定の個人や企業を誹謗中傷する動きが活発化している。ネット上での炎上、サイバーいじめ、オンライン嫌がらせ、トローリング[55]という言葉で言い表され、一般市民は注意を促されてきた。

さらに、キャンセル・カルチャー[56]という言葉も出てきた。SNS時代、我々の生活文化のすべてが岐路に立たされている。TVやラジオや面談での会話ではなく、より便利なITシステムが活用できるようになり、異端に対する寛容性を欠き、新たな道徳性や政治的コメントが強められて、忖度し、強い者に巻かれる風潮が出てきている。ドナルド・トランプのように政治家がSNSを使い、一方的な発言し、独自に威圧を与えて通報し、利益を享受する人々がさらにツイートしている。情報と価値観を持ち、制約なく討論できることが自由民主資本主義の生命線であるが、コミュニケーションが狭められている。報復やバッシングを恐れて、発言が狭められている。科学者、作家、ジャーナリストも論調が曖昧さを増している。

我々はこのような時代でも、失敗しても発言し、コミュニケーションする余地が存在する社会であると信じ、リスクを取り、失敗を犯すかもしれないがそれを許す文化を有している社会なのである。

しかし、このようなSNS時代、自分に都合の良い情報だけを発信し、自分個人の行動パターンを変えてしまった。情報を受けるときはコンテキストも何もない強い語気のツイートに振り回されるばかりである。受信する側はTV情報でも同じで、情報の裏面ばかりを見せられ、目が点になってしまっている。伝達情報が操られても、そのままにしているようだ。企業、ジャーナリスト、組織団体等の信頼が欠けたままになっている。

すべての関係者が社会的責任を果たさなければならない。人間、個人としての社会的責任を問われている。無責任が蔓延し、表現の自由が縛られている社会経済化が起こっているのである。

このような状態を打開するためには、便益、利益を計算する簿記、会計そのものをも歴史の基礎から紐解かねばならなくなっている。民主主義としても、歴史で捉えれば、武力、軍事と政治、強権をも基礎から紐解かねばならなくなっているのである。このような状態を「ニューノーマル」新常態という。

03 民主主義維持管理運営の歴史。

人類として、現時点での維持管理運営は過去からの知の蓄積と未来の予想知を合わせ見て、未来を想定した解決策をどのように　維持管理運営するかにかかっている。

経済自体も大きく変化して、ＧＡＦＡのような企業が収益を独占したり、監視資本主義化したりしている。共有財産に対して、自分の利益だけを考え、いびつな行動をしている人が多い。経済成長の資源としての共有財産（見えざる価値）経済へ進んでいる。無形価値経済へ進んでいる。

現在経済を無形価値経済に参入させる論点としては次のようなものがある。

I、範囲分類として

世界はニューノーマル（新常態）の世の中になっている。地球星の維持、管理、運営を歴史的に紐解いて見るために、現時点での、SDGsやESGを鑑み、社会的に、①経済、②統治、③環境を再構築して、新しい価値創造の経済時代、日本が手付かずの無形価値をどうように把握するかを図ってみる。また、地球の人々がどのように行動すべきかを示してみたい。

今、現実の「A：経済社会」を見抜くためには、「B：技術の革新」スピードや「C：個人認識」の重要性が問題となる。

「A」

地球星全体を把握するには、

①新経済（無形価値経済）の維持、管理、運営とは

②ガバナンスの効いた統治政治の維持、管理、運営とは

③テロ、軍事までも含めた地球環境の維持、管理、運営とは

この3要素を同時に含めたモノゴトとして、把握することが重要である。

DX（デジタルトランスフォーメーション）が起こり、既存の価値観や枠組みを根底から覆すことが同時に起こっているため、このような時期にこそ、革新的なイノベーションをもたらし、新しい技術を使い、漏らさずに対処しなければならない。

「B」

DX（デジタルトランスフォーメーション）はICT技術、AI技術の発展を著しくしている、新たなネットワークは「フラットなコミュニケーション技術」として捉える。

①媒体技術の維持、管理、運営とは

②データ量技術の維持、管理、運営とは

③計算技術の維持、管理、運営とは

この3要素を同時に含めたモノゴトとして、「技術」を把握することが重要である。「技術革新」を新しい価値を創造するものとして捉え、新技術を同時に処理し、イノベーションを起こさなければならない。

「C」

時代の大変革、ニューノーマル（新常態）を「自己」自分ゴトとして捉え、行動しなければ先には進まない。価値創造を行う個人として捉え、創造の原点であるアートやデザイン化を歴史的に捉え、社会論理に加えて、展開する。

①自己の維持、管理、運営とは
②所属の維持、管理、運営とは
③存在の維持、管理、運営とは

この3要素を同時に含めた「モノゴト」として、「自己」を把握することが重要である。

新時代、21世紀の自由、民主資本主義による成長産業を創出するための論理の確立を行う。

経済自体が新しい無形価値の時代に入っているのだが、古い価値観で教育を受け、商いをしている人たちは手を付けないで30年が経ってしまった。

範囲分類デザイン

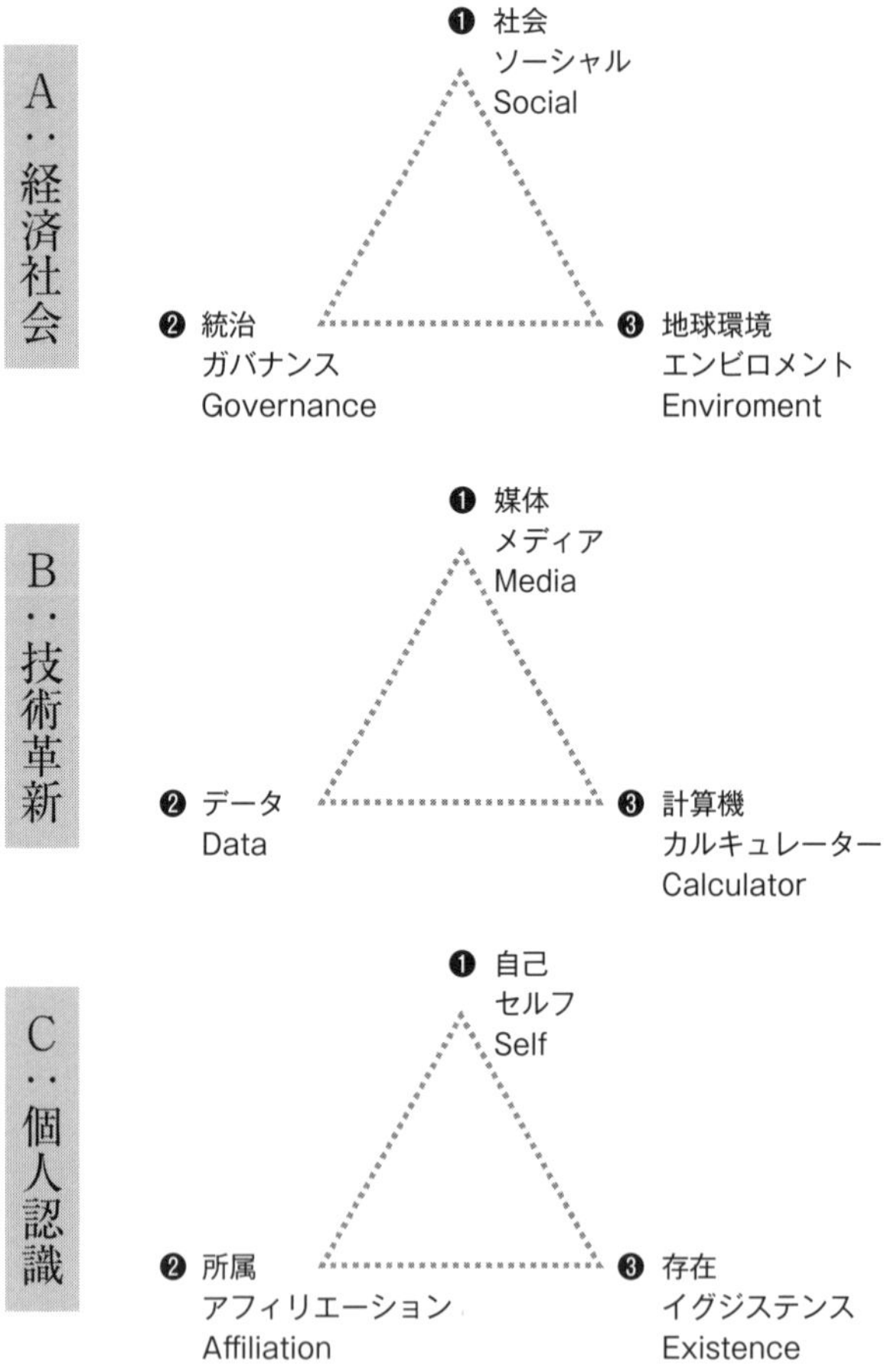
A：経済社会
❶ 社会
ソーシャル
Social
❷ 統治
ガバナンス
Governance
❸ 地球環境
エンビロメント
Enviroment
B：技術革新
❶ 媒体
メディア
Media
❷ データ
Data
❸ 計算機
カルキュレーター
Calculator
C：個人認識
❶ 自己
セルフ
Self
❷ 所属
アフィリエーション
Affiliation
❸ 存在
イグジステンス
Existence

新しい価値の時代を紐解くには、

「A」社会進化の範囲

❶無形価値創造経済

1、会計手法　2、便益とは　3、満足とは

❷ガバナンスの効いた政治統治

1、自由　2、強権　3、三権分立

❸地球全体の自然環境資源

1、テロ、武力　2、自然環境　3、社会生活

「B」技術進化の範囲

❶媒体技術

1、紙　2、TV、ラジオ　3、ICT

❷データ技術

1、ビット　2、テラ　3、京

❸計算技術

21世紀の想定経済

A
経済社会の解決策
（ソリューション）
Solution
価値創造経済が
現状。

❶ 価値創造経済
1. 会計手法
2. 便益
3. 満足

❷ ガバナンス
1. 自由
2. 統治
3. 三権分立

❸ 地球環境
1. テロ、武力
2. 自然環境
3. 生活

B
技術革新
（技術ネットワーク）
Technology Network
技術範囲の広がりが
早い。

❶ 新規媒体
1. 紙
2.ICT
3. フェイスブック

❷ データ量
1. ビット
2. テラ
3. 京

❸ 計算機
1. スマホ、
コンピューター
2. 自動走行機
3. 自動分析機、AI

C
個人認識の充実
（セルフ・リアライジェーション）
Self-Realization
自分の実現、満足。

❶ 自己
1. 意識
2. 感性
3. 創造

❷ 所属
1. 家族
2. 団体、会社、公共
2. 国、地球

❸ 存在
1. 倫理
2. 自利
3. 他利

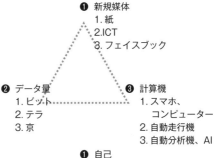

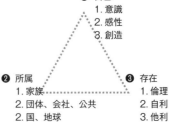

1、計算機（パーソナル・コンピューター、スマホ）
2、自動機（自動運転）　3、判断機（ＡＩ）

「Ｃ」自己進化の範囲

❶自分
1、意識　2、感性　3、創造

❷所属
1、家族　2、団体、会社　3、国、地球

❸存在
1、倫理　2、自利　3、他利

Ⅱ、時間層として

1、未来（想定）　2、現在（現時点）　3、過去（歴史）

時間範囲デザイン

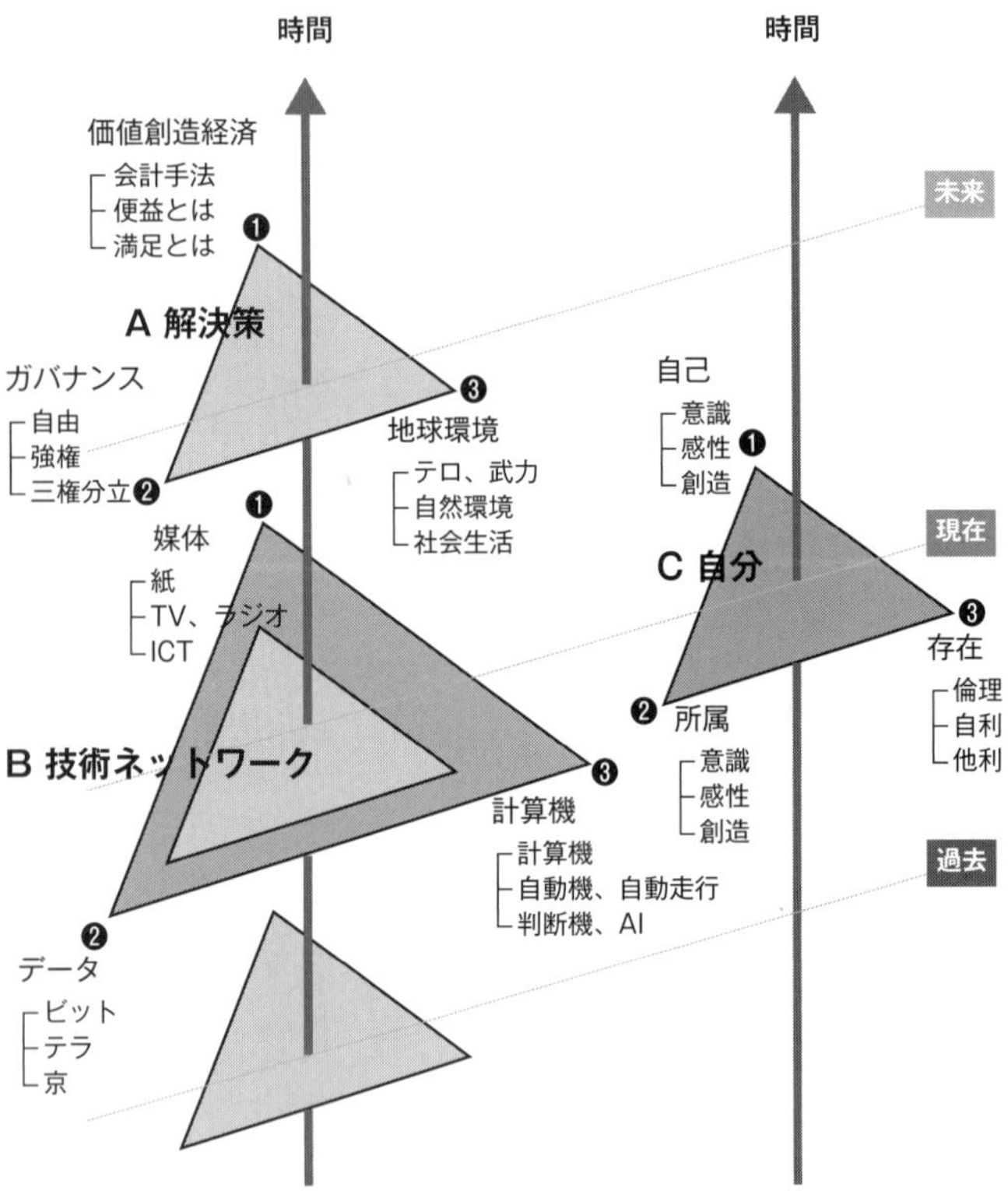
時間
時間
未来
現在
過去
価値創造経済
会計手法
便益とは
満足とは
❶
A 解決策
ガバナンス
自由
強権
三権分立❷
❸
地球環境
テロ、武力
自然環境
社会生活
❶
媒体
紙
TV、ラジオ
ICT
B 技術ネットワーク
❸
計算機
計算機
自動機、自動走行
判断機、AI
❷
データ
ビット
テラ
京
自己
意識
感性❶
創造
C 自分
❸
存在
倫理
自利
他利
❷所属
意識
感性
創造

04 これからの提案。

価値創造時代における、想定された解決策の運用管理。

21世紀からは過去の歴史を参照するだけではムダが発生する時代に入ってしまった。技術革新や自己責任をも含めたモノゴトとして、経済運営をバックキャスティング（未来を予測する際に目標となる状態を想定し、そこを起点として現在を振り返って、今何をなすべきかを考える方法。未来からの発想法である）して時間的感覚で捉えなければならない時代なのである。

これからの経済運営を図る場合、あらゆる要素を漏らさず含んだ「モノコト」として解決策の策定をしなければならないと思われる。

２０２０年度の経済は、金融マネーが拡大化し、不安定化を増し、特別富裕層優遇経済化している。特別富裕層とはＧＡＦＡ関係者等である。ＧＡＦＡ関係者に対して、法的な規制が米国や欧州で行われているのであるが、日本やその他の国では何もされていない。GAFAが強大な収益を上げ続けている要因は無形価値であるが、無形資産として表出し、会計上での抜け道を数多く使っている。また、まだ見えない価値を無形資産化して、巨大な収益を上げ続けている。

無形価値は新しく生まれた便益の経験知がないと認識できないし、理解できない「モノコト」であるから、明治以来、西洋から学び取ってきた学問では何も理解できない。GAFAは自らつくり出し、編み出したものであるので、経験値のもとに収益を出しているし、「モノコト」を理解している。日本のように先進国が行ってきたことの物まねをしても、埒(らち)が明かない。

最初に経済成長を実施する行動をとる処(ところ)は企業であるが、企業だけでは問題が片付くことはできず、既得権の問題、ルールの問題等もいかに同時に対処するかにかかっている。社会価値の要因は企業だけでなく行政機関、法制機関等も同時に有形資産から無形資産に大きく変動したのであると認識し、意識改革が待たれている。単に企業の利害関係者(ステークスホルダー)だけでなく、社会全体の利害関係者を含めたすべての関係者、関係機関の問題である。問題を乖離した議論ばかりが社会現象化している。社会課題解決力が重要視されている。社会全体のイノベーション創出力とガバナンス改革が問われているのである。漏れては後退するばかりなのである。すべてのステークスホルダーの体験価値を重視しなければならない。

無形価値を顧客体験、従業員体験、経営者体験、科学者体験、政治家体験、行政機関体験、司法機関体験等として体感しなければ、無形価値の便益を享受する会話に参加しても認識できない。会議でも理解できず、無形価値を新しく創造することはできないばかりか、「今まで通り」と「威厳ばかり」を押し通す。解決策を運用管理していくには時間的な感覚の基に未来を想定された解決策をこれからの自分ゴトとして捉えなければならない。これからの技術発展スピード範囲とこれからの社会全体のガバナンス、これからの世界の環境問題と、これからの成長産業である無形価値経済、無形資産経済、価値創造経済を運用管理しなければならない。

想定歴史デザイン

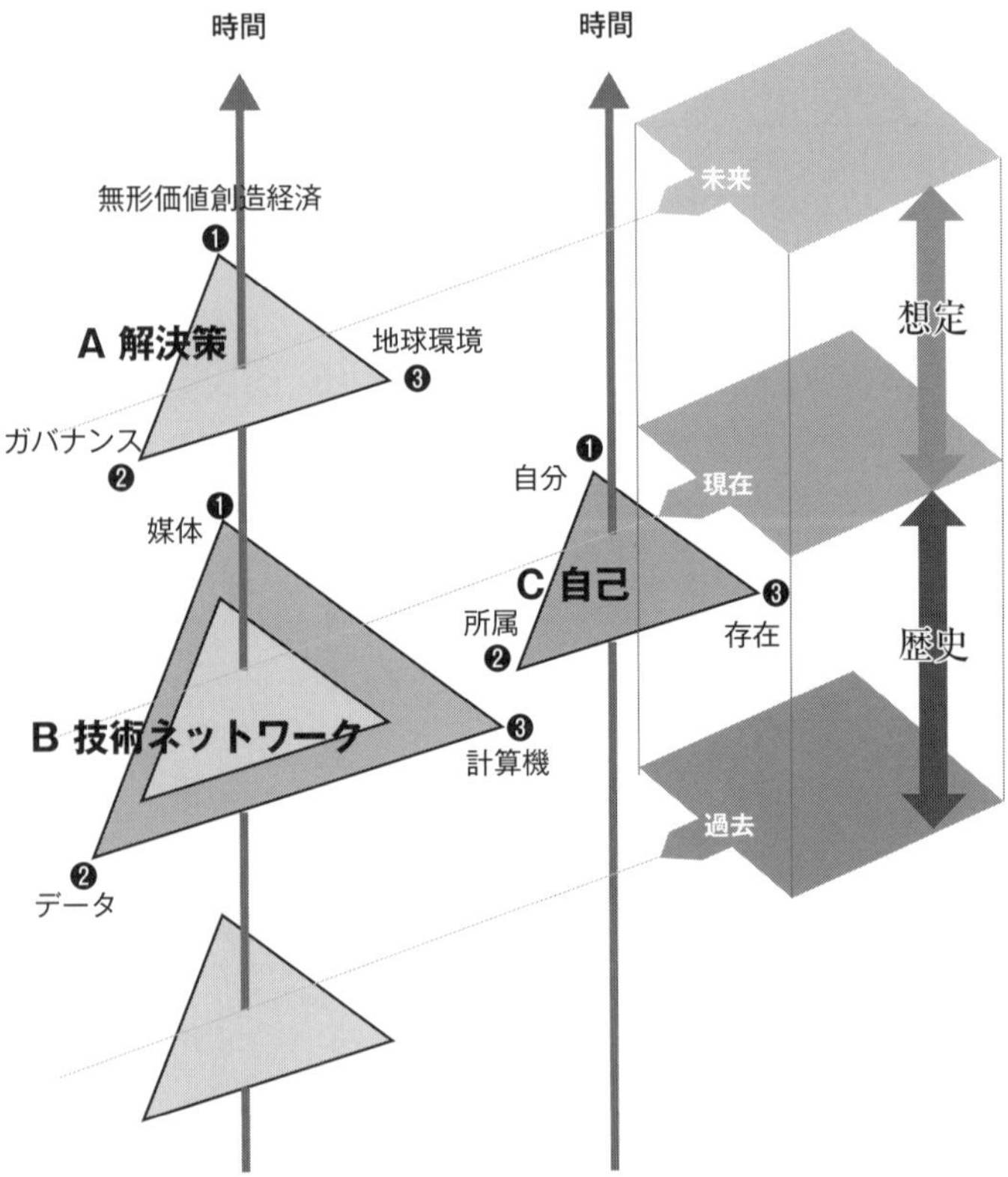
時間
時間
無形価値創造経済
❶
A 解決策
地球環境
❸
ガバナンス
❷
❶
媒体
B 技術ネットワーク
❸
計算機
❷
データ
❶
自分
C 自己
❸
存在
所属
❷
未来
現在
過去
想定
歴史

注釈一覧

（1）SDGs（Sustainable Development Goals）／持続可能な開発目標　アジェンダの節目の年、2015年の9月25日～27日、ニューヨーク国連本部において、「国連持続可能な開発サミット」が開催され、150を超える加盟国首脳の参加のもと、その成果文書として、「我々の世界を変革する：持続可能な開発のための2030アジェンダ」が採択された。

アジェンダは、人間、地球及び繁栄のための行動計画として、宣言および目標をかかげた。この目標が、ミレニアム開発目標（MDGs）の後継であり、17の目標と169のターゲットからなる「持続可能な開発目標（SDGs）」である。

国連広報センターHP

（2）ESG／Environment（環境）Social（社会）Governance（ガバナンス）。企業の安定的かつ長期的な成長には、環境や社会問題への取り組み、ガバナンスが少なからず影響しているという考えが広まり、ESG投資が世界的な潮流となった。現状の財務状況だけでは見えにくい将来の企業価値を見通す上で、ESGの重要性が認識されている。

https://jinjibu.jp/keyword/detl/846/

（3）Neo Economy／新しい経済。機械や工場といったモノに代わり、知識やデータなどのノミー。

「無形資産」が企業や国家の富を生み出している。姿形の見えない富の源泉が動かすネオエコノミー。

（https://vdata.nikkei.com/newsgraphics/neo-economy/）

（4）無形資産／物的な実態の存在しない資産。たとえば特許や商標権や著作権などといった知的資産、従業員の持つ技術や能力などの人的資産、企業文化や経営管理プロセスなどといったインフラストラクチャ資産が無形資産とされる。これは実体を伴わない資産であることから、会計制度上では原則として資産として計上することはできなくなっている。反対に現金、証券、商品、不動産など実態の存在する資産のことは有形資産という。

ウィキペディア

（5）利益相反／トレードオフ利益相反とは、信任を得て職務を行う地位にある人物（政治家、企業経営者、弁護士、医療関係者、研究者など）が立場上追求すべき利益・目的（利害関心）と、その人物が他にも有している立場や個人としての利益（利害関心）とが、競合ないしは相反している状態をいう。

ウィキペディア

（6）アドボカシー（advocacy）／「アドボケイト」と同じ語源で「擁護・代弁」や「支持・表明」「唱道」などの意味を持ち、同時に政治的、経済的、社会的なシステムや制度における決定に影響を与えることを目的とした、個人またはグループによる活動や運動を意味する。

ウィキペディア

（7）ＶＵＣＡ ブーカ／Volatility（変動性）、Uncertainty（不確実性）、Complexity（複雑性）、Ambiguity（曖昧性）の頭文字を並べたアクロニム。１９９０年代後半に米国で軍事用語として発生したが、２０１０年代になってビジネスの業界でも使われるようになった。

ウィキペディア

（8）ＮＡＴＯ（no action took only）／行動なし、会話だけ。

（9）resource／（一国の）資源、供給源、物資、財源、資力、資産、（万一の時の）頼み、方策、やりくり、（内に秘めた）力。

https://ejje.weblio.jp/content/resource

（10）ＤＸ（デジタルトランスフォーメーション）／（Digital transformation; DT or DX）「ＩＴの浸透が、人々の生活をあらゆる面でより良い方向に変化させる」という概念である。デジタルシフトも同様の意味である。２００４年に、スウェーデンのウメオ大学教授のエリック・ストルターマンが提唱したとされる。ビジネス用語としては定義・解釈が多義的ではあるものの、おおむね「企業がテクノロジー（ＩＴ）を利用して事業の業績や対象範囲を根底から変化させる」という意味合いで用いられる。本用語は「ＤＸ」と表記されることが多いが、それは英語圏では「transformation」の「trans」の部分を「Ｘ」と略すことが一般的だからである。

ウィキペディア

（11）デモクラシー（democracy）

／デモクラシーの語源は古代ギリシア語のδημοκρατια（dēmokratía、デーモクラティアー）で、「人民・民衆・大衆」などを意味するδημος（古代ギリシア語ラテン翻字：dêmos、デーモス）と、「権力・支配」などを意味するκρατος（古代ギリシア語ラテン翻字：kratos、クラトス）を組み合わせたもので、「人民権力」「民衆支配」、「国民主権」などの意味である。

この用語は、同様に「優れた人」を意味するαριστος（古代ギリシア語ラテン翻字：aristos、アリストス）とκρατοςを組み合わせたαριστοκρατια（古代ギリシア語ラテン翻字：aristokratía、アリストクラティア。優れた人による権力・支配。貴族制や寡頭制などと訳される）との対比で使用され、権力者や支配者が構成員の一部であるか全員であるかを対比した用語である。

古代ギリシアの衰退以降は、「デモクラシー」の語は衆愚政治の意味で使われるようになった。古代ローマでは「デモクラシー」の語は使用されず、王政を廃止し、元老院と市民集会が主権を持つ体制は「共和制」と呼ばれた。近代の政治思想上で初めて明確にデモクラシー要求を行ったのは、清教徒革命でのレヴェラーズ（Levellers、平等派、水平派）であった。近代の啓蒙主義以降は、「デモクラシー主義」は自由主義思想の用語として使われるようになった（自由民主制主義)。さらにフランス革命後は君主制・貴族制・神政政治などとの対比で、20世紀以降は全体主義との対比でも使用されることが増えた。

なお政治学では、非民主制(の政体)の総称は「権威主義制(権威主義制政体)」と呼ばれる。日本語で「デモクラシー」は通常、主に政体を指す場合は「民主政」、主に制度を指す場合は「民主制」、主に思想・理念・運動を指す場合は「民主主義」などと訳し分けられている。また政治学では、特に思想・理念・運動を明確に指すために「デモクラティズム」(英: democratism、民主主義(思想))が使用される場合もある。なお、現代ギリシャ語ではδημοκρατια(ディモクラティア)は「民主主義」を表すと同時に「共和国(共和制)」を表す語でもあり、国名の「~共和国」という場合にもδημοκρατιαが用いられる。

ウィキペディア

(12) ポピュリズム (populism)

①(Populism) 19世紀末に米国に起こった農民を中心とする社会改革運動。人民党を結成し、政治の民主化や景気対策を要求した。

②一般に、労働者・貧農・都市中間層などの人民諸階級に対する所得再分配、政治的権利の拡大を唱える主義。

③大衆に迎合しようとする態度。大衆迎合主義。

デジタル大辞泉

ポピュリズム（populism：平民主義、公民主義、人民主義、大衆主義）　一般大衆の利益や権利を守り、大衆の支持のもとに、既存のエリート主義である体制側や知識人などに批判的な政治思想、または政治姿勢のことである。日本語では大衆主義や人民主義などのほか、否定的な意味を込めて衆愚政治や大衆迎合主義などとも訳されている。また、同様の思想を持つとされる人物や集団をポピュリスト（populist）と呼び、民衆派や大衆主義者、人民主義者、もしくは大衆迎合主義者などと訳されることがある。

ウィキペディア

(13) ASEAN　東南アジア諸国連合／東南アジアの10か国（ブルネイ、カンボジア、インドネシア、ラオス、マレーシア、ミャンマー、フィリピン、シンガポール、タイ、ベトナム）からなる地域の政府間組織であり、政府間協力を促進し、加盟国とアジアの他の国々の間で経済、政治、安全保障、軍事、教育、社会文化の統合を促進している。

ASEANはまた、アジア太平洋地域の他の国々と定期的に連携している。上海協力機構の主要なパートナーであるASEANは、同盟や対話のパートナーの世界的なネットワークを維持しており、多くの人からグローバルで強力な組織、アジア太平洋地域の協力のための中心的な連合、そして著名で影響力のある組織とみなされている。また、多くの国際問題に関与しており、世界中に外交使節団を派遣している。

ウィキペディア

(14) Disruption（ディスラプション）／崩壊、分裂、中断、途絶、混乱。

(15) エコーチェンバー現象／（Echo chamber）　閉鎖的空間内でのコミュニケーションを繰り返すことによって、特定の信念が増幅または強化されてしまう状況の比喩である。

ウィキペディア

(16) ジェンダー（gender）／「ジェンダーとは、生物学的な性別（sex）に対して、社会的・文化的につくられる性別のことを指します。世の中の男性と女性の役割の違いによって生まれる性別のことです。たとえば、「料理は女がやるもの」って考えている人、いますよね？　料理＝女のシゴト。でも男で料理上手もいるのに？　この性別がジェンダーです。」

ジャイカＨＰ（https://www.jica.go.jp/nantokashinakya/sekatopix/article004/）

(17) ＣｏＭＬ／「海洋生物のセンサス（人口調査）」（The Census of Marine Life: CoML）は、80を超える国々の研究者によるグローバルな海洋生物研究ネットワークである。研究者たちは、２０００-２０１０年の10年計画で海洋生物の多様性、分布、および個体数の調査・解析に取り組んでいる。この世界初の包括的なセンサスの結果（過去から現在を調査・解析し、将来を予測する）は、２０１０年に公表される。

海洋生物のセンサスＨＰ（https://www.jamstec.go.jp/jcoml/c1about.html）

ＣｏＭＬの基本骨格は、海洋生物の過去・現在・未来を知るために、歴史的なデータを扱うHistory of Marine Animal Populations（HMAP）、現在の海洋生物を扱うOcean Realm Field Project、将来予測をするFuture of Marine Animal Populations（FMAP）があり、それぞれのデータがデータベースOcean Biogeographic Information System（OBIS）に集められるようになっている。Ocean Realm Field Projectには、14のフィールドプロジェクトが含まれる。対象領域は、沿岸から深海、サンゴ礁から極域、光合成生態系から化学合成生態系、バクテリアから哺乳類、新たなテクノロジーと幅広い。

海洋生物のセンサスCensus of Marine Life（CoML）の概要
(http://www.plankton.jp/sub08_21_01.pdf)

（18）Solidarity／結束、一致、団結、連帯。

（19）アグリビジネス（agribusiness）／農業に関連する幅広い経済活動を総称する用語である。１９５０年代後半に、ハーバード・ビジネス・スクールのＲ・ゴールドバーグが、アメリカ合衆国の食料生産システムについて、農業資材供給から生産・流通・加工に至るまでを垂直的に説明するためにこの用語を使ったのが最初である。

ウィキペディア

（20）コモンズ（Commons）／日本語でいう入会《いりあい》の英訳。ドイツ語ではAllmende。ただし、日本の入会地は、ほとんどが入会団体などの特定集団によって所有・管理されているため、誰の所有にも属さない放牧地（草原を広範囲に移動する遊牧民でも自由に利用できる放牧地）などを意味する「コモンズ」とはニュアンスが異なる。

ウィキペディア

「コモンズ」という言葉をよりどころに、実に様々な研究分野の人たちが集うようになった。「コモン（common）」とは、【共通の】【共有の】という意味を持つ英語の単語であるが、「コモンズ（commons）」と言えば、近代以前のイギリスで牧草の管理を自治的に行ってきた制度として知られている。

このような制度は、イギリスのみならず世界各地で古くから行われており、たとえばわが国でも「入会」「共有」という制度として機能してきた。（天然資源だけではなく、たとえば米・ニューヨークの国連本部は世界各国民のcommonsとなっている）

従来、コモンズ論的な資源管理は、イギリスの生物学者 Hardin が「コモンズの悲劇」として挙げたように、前近代的な資源の枯渇をまねきかねない制度として取り扱われてきた。

コモンズ研究会ＨＰ（https://sites.google.com/site/commonsstudies/commons）

（21）コモンウェルス（commonwealth）／公益を目的として組織された政治的コミュニティーを意味する用語。歴史的には共和国の同義語として扱われてきたが、原義としては哲学

用語である「共通善（英：common good）」を意味する。　　　　ウィキペディア

（22）SRC／鉄筋コンクリート（Reinforced Concrete）の芯部に鉄骨を内蔵した建築の構造もしくは工法。　　　　ウィキペディア

（23）ナショナリズム（nationalism）／国家という統一、独立した共同体を一般的には自己の所属する民族のもと形成する政治思想や運動を指す用語。日本語では内容や解釈により国家主義、国民主義、国粋主義、民族主義などとも訳されている。パトリオティズム（愛国心）とは区別される。

ナショナリズムの一義的な定義は困難であるが、アーネスト・ゲルナーは「政治的な単位と文化的あるいは民族的な単位を一致させようとする思想や運動」と定義した。この定義は完全ではないが議論の出発点としてある程度のコンセンサスを得ている。

スタンフォード哲学百科事典は「ナショナリズムとの用語は通常は2つの事象を記述するために使用されている。①ネイションの構成員が、彼らのナショナル・アイデンティティを気にかけている際の様子、②ネイションの構成員が、自己決定の達成または持続を求めている行動」と定義した。

丸山眞男は「ナショナリズムとは、ネーションの統一、独立、発展を志向し、推し進めるイ

デオロギーおよび運動」と定義した。　ウィキペディア

(24) OECD／1948年、米国による戦後の欧州復興支援策であるマーシャル・プランの受入れ体制を整備するため、欧州経済協力機構（OEEC）がパリに設立された。その後、欧州経済の復興に伴い、欧州と北米が対等のパートナーとして自由主義経済の発展のために協力を行う機構としてOEECは発展的に改組され、1961年に経済協力開発機構（OECD：Organisation for Economic Co-operation and Development）が設立。日本は1964年に、原加盟国以外で初めて、また非欧米諸国として初めて加盟した。

・加盟国（以下の37か国）

①原加盟国：オーストリア、ベルギー、デンマーク、仏、独、ギリシャ、アイスランド、アイルランド、伊、ルクセンブルク、オランダ、ノルウェー、ポルトガル、スペイン、スウェーデン、スイス、トルコ、英、米、カナダ

②その後の加盟国：日本（1964年）、フィンランド（1969年）、豪（1971年）、ニュージーランド（1973年）、メキシコ（1994年）、チェコ（1995年）、ハンガリー、ポーランド、韓国（以上1996年）、スロバキア（2000年）、チリ、スロベニア、イスラエル、エストニア（以上2010年）、ラトビア（2016年）、リトアア

ニア（2018年）、コロンビア（2020年）

・目的

OECD設立条約は、以下の3つをOECDの目的としている。（第一条）

①経済成長：加盟国の財政金融上の安定を維持しつつ、できる限り高度の経済と雇用、生活水準の向上の達成を図り、もって世界経済の発展に貢献すること。

②開発：経済発展の途上にある地域の健全な経済成長に貢献すること。

③貿易：多角的・無差別な世界貿易の拡大に寄与すること。

外務省HP

(25) MaaS／（Mobility as a Service：マース） ICTを活用して交通をクラウド化し、公共交通か否か、またその運営主体にかかわらず、マイカー以外のすべての交通手段によるモビリティ（移動）を1つのサービスとしてとらえ、シームレスにつなぐ新たな「移動」の概念である。利用者はスマートフォンのアプリを用いて、交通手段やルートを検索、利用し、運賃等の決済を行う例が多い。

国土交通政策研究所報第69号2018年夏季

(26) ITC／高度道路交通システム（Intelligent Transport Systems、ITS）は、IT（Information Technology）を利用して交通の輸送効率や快適性の向上に寄与する一連のシステム群を指す総称名である。高度交通システムとも。道路交通、鉄道、海運、航空などの交通が対象となる。高度道路交通システム（ＩＴＳ）は情報通信やエレクトロニクスといった新技術を活用して交通システムのインテリジェント化を図り安全・円滑・快適な交通環境を実現するシステムである。

各種のシステムがＩＴＳには含まれる。たとえば、バスロケーションシステム、e-Call、カーシェアリングにおける自動車の予約、タクシーのワイパー稼働状況をもとにした局地気象情報の提供など多岐にわたる。

ウィキペディア

(27) ＣＡＳＥ／自動車における左記の頭文字。２０１６年9月のパリモーターショーでメルセデス・ベンツが発表したことが端緒であるが、それぞれの技術やサービスはすでに開発や普及が進んでいるものばかりである。

Connected - つながる車（コネクテッドカー）

Autonomous - 自動運転・自動運転車

Shared - カーシェアリング・ライドシェア

Electric - 電気自動車

ウィキペディア

(28) ＰＤＣＡ／（PDCA cycle、plan-do-check-act cycle）は、生産技術における品質管理などの継続的改善手法。Plan（計画）→ Do（実行）→ Check（評価）→ Act（改善）の４段階を繰り

返すことによって、業務を継続的に改善する。PDCAサイクルは、主に日本で使われ、Aのみが名詞のActionといわれる。

ウィキペディア

(29)ビオクラート／反論主義者。

(30)シビル・サーバント(civil servant)／市民への奉仕者。

(31)金満／金持であること。また、そのさま、その人。
精選版日本国語大辞典

(32)mock news／マークニュース　あざけたニュース。

(33)ショック・ドクトリン／大惨事便乗型資本主義。『ショック・ドクトリン』は、カナダのジャーナリスト、ナオミ・クラインが2007年に著した書籍。マイケル・ウィンターボトムによって2009年にドキュメンタリー化された。
ウィキペディア

(34)ISO26000／以下、『社会的責任向上のためのNPO／NGOネットワーク』による解説より(原文ママ)。

――ISO26000は、ISO(国際標準化機構：本部ジュネーブ)が2010年11月1日に発行した、組織の社会的責任に関する国際規格です。ISO26000の開発にあたってはISO規格としてははじめてマルチステークホルダープロセスがとられ、幅広いセクターの代表が議論に参加しました。NNネットはISO26000の発行に向け、NPO／NGO総体としての意見を広く議論する場を提供し、現在はISO26000の普及に取組んでいます。（マルチステークホルダープロセス：背景の異なる複数のステークホルダーがテーブルを囲み、課題解決のための行動計画や目標についての合意形成を行っていく枠組みやその過程のこと）

■ISO26000が生まれた経緯

この規格づくりは、2001年4月ISOの理事会がISO消費者政策委員会に企業の社会的責任（CSR）規格の開発の可能性と要否の検討について打診したことに端を発します。当時、CSRの重要性が世界中で高まり、多種多様な行動規範やガイドラインが次々と作られていました。その中で、企業活動は国境を越えるため、国際的な統一基準が求められるようになりました。そこでISOが規格検討に着手したのです。その後、検討と議論を重ねた結果、持続可能な社会づくりのために企業以外の組織にも社会的責任が求められること、また幅広い組織への適用がこの規格の重要度と意義を増すであろうといった理由から、CSR規格ではなく、あらゆる組織を対象としたSRの規格を開発することになりました。（策定に関わったNPOが読み解くISO26000より）

■ISO26000の特徴

ISO26000は、あらゆる組織に向けて開発された社会的責任に関する世界初のガイダンス文書で、持続可能な発展への貢献を最大化することを目的にしています。同時に、人権と多様性の尊重という重要な概念を包含しています。

特徴1：あらゆる組織に適用可能なこと

この規格は、組織の大小、活動する場所が先進国か途上国かを問わず、あらゆる組織に役立つことを意図してつくられています。ＩＳＯ２６０００に書いてあること全てが、あらゆる種類の組織に同等に用いられるわけではありませんが、いかなる組織であっても社会的責任に関する中核主題には関連性を持っています。

特徴2：認証を意図しない手引書（ガイダンス）であること

ＩＳＯ２６０００は、マネジメントシステム規格ではありません。認証を目的としたり、規制や契約のために使用したりすることを意図していません。またそれらに適切でもありません。ＩＳＯ２６０００は要求事項を含むものではないため、認証の根拠となる適合性評価をすることはできません。

特徴3：策定に、消費者、政府、産業界、労働、ＮＧＯ、ＳＳＲＯ（サービス・サポート・研究・学術及びその他）によるマルチステークホルダープロセスが採用されたこと

ＩＳＯ２６０００の開発にあたっては、上に挙げた6つのステークホルダーが主体的に参加

し、合意に至るまで議論を尽くすというユニークな策定プロセスが採用されました。また策定プロセスには多くの途上国が参加しました。最終的に99カ国の参加を得て（その3分の2以上は途上国）、6つのステークホルダーの合意により規格を策定したことはISO史上始まって以来のことです。それゆえ策定に長い年月がかかったわけですが、このこと自体がISO26000に価値と意義を与えているいると言えるでしょう。――

(35) コーポレート・ガバナンスコード（corporate governance）／企業統治の行動規範を意味する。企業が効率よく業務遂行するための仕組みで、利害関係者（ステークホルダー）による企業に対する統治・監視するルールをまとめたものであり、内部統治システムやコンプライアンス（法令遵守・規範遵守）リスクマネジメントやCRS（企業の社会的責任）をも含む。

ウィキペディア

(36) スチュワードシップ・コード（Stewardship Code）／受託者責任を果たすための行動規範のこと。日本版スチュワードシップ・コードは、7つの原則を設定している。

1 機関投資家は、スチュワードシップ責任を果たすための明確な方針を設定し、これを公表すべきである。

2 機関投資家は、スチュワードシップ責任を果たす上で管理すべき利益相反について、明確な方針を策定し、これを公表すべきである。

3　機関投資家は、投資先企業の持続的成長に向けてスチュワードシップ責任を適切に果たすため、当該企業の状況を的確に把握すべきである。

4　機関投資家は、投資先企業との建設的な「目的を持った対話」を通じて、投資先企業と認識の共有を図るとともに、問題の改善に努めるべきである。

5　機関投資家は、議決権の行使と行使結果の公表について明確な方針を持つとともに、議決権行使の方針については、単に形式的な判断基準にとどまるのではなく、投資先企業の持続的成長に資するものとなるよう工夫すべきである。

6　機関投資家は、議決権の行使も含め、スチュワードシップ責任をどのように果たしているのかについて、原則として顧客・受益者に対して定期的に報告を行うべきである。

7　機関投資家は、投資先企業の持続的成長に資するように、投資先企業やその事業環境等に関する深い理解に基づき、当該企業との対話やスチュワードシップ活動に伴う判断を適切に行うための実力を備えるべきである。

ウィキペディア

（37）フューデューシャリー・デューティ（fiduciary duty）／信任を受けた者が履行すべき義務のこと。日本語では受託者責任と訳される。これは顧客本位の業務運営を指し、金融機関は資産を預けている顧客に対し、利益を最大限にすることを目標に利益に反する行為を行ってはならないとするものである。
1 顧客本位の業務運営に関わる方針の策定・公表等
2 顧客の最善の利益の追求
3 利益相反の適切な管理
4 手数料の明確化
5 重要な情報のわかりやすい提供
6 顧客のふさわしいサービスの提供
7 従業員等に対する適切な動機づけの枠組み

ウィキペディア

(38) フェア・ディスクロージャー (fair disclosure) ／投資者に対して公平な情報開示を行うこと。「上場企業等」は、証券アナリストなどの「取引関係者」に未公表の「重要情報」を伝える場合、同時に（意図的でなく伝達された場合も速やかに）その重要情報を「公表」しなければならない。

(https://www.csr-communicate.com/qa/general/20180426/csr-32947)

ディスクロージャー (disclosure) ／企業が株主・債権者などの投資者や取引先を保護するために、経営成績・財政状態・業務状況などの内容を公開すること。企業内容開示。

デジタル大辞泉

（39）アルゴリズム（algorithm）／コンピュータが情報を処理する基盤。すなわち、プログラムは本質的にはアルゴリズムであり、コンピュータが特定のタスク（従業員の給与計算、学生の成績表の印刷など）を（指定された順序で）実行するためのステップをコンピュータに指示する。したがって、アルゴリズムはチューリング完全なシステムで実行可能な操作の並びとみなすこともできる。

ウィキペディア

（40）クラウドコンピューティング（cloud computing）／インターネットなどのコンピュータネットワークを経由して、コンピュータ資源をサービスの形で提供する利用形態。略してクラウドと呼ばれることも多く、cloudとは英語で「雲」を意味する。クラウドの世界的な普及でオンラインであれば必要な時に必要なサービスを受けられるようになり、あらゆる作業が効率化され、社会の創造性を高めることに成功した。

ウィキペディア

（41）コグニティブコンピューティング（cognitive computing）／自然言語を理解し、学習し予測するコンピュータ・システム、またはその技術を指す（http://www.research.ibm.com/cognitive-computing/）。大まかに言うと、人工知能と信号処理の科学的分野に基づいたテクノロジープラットフォーム。これらのプラットフォームには、機械学習、推論、自然言語処理、

音声認識と視覚(オブジェクト認識)、人間とコンピューターの相互作用、対話、物語の生成などが含まれる。　ウィキペディア

(42) バイアス (bias) ／偏り、かさ上げ、または斜めのこと。　ウィキペディア

(43) コモディティ化 ／コモディティ化(commoditization)と経済価値化(commodification)とは意味が異なる。マルクス経済学の用語。所定のカテゴリ中の商品において、製造会社や販売会社ごとの機能・品質などの属性と無関係に経済価値を同質化することを指す。コモディティ(commodity)化は、市場に流通している商品がメーカーごとの個性を失い、消費者にとってはどこのメーカーの品を購入しても大差のない状態のことである。なお英語の「commodity」は日用品程度の意味しかないが、別義としては必需品など生活に欠かせないものも指し、その分野の物品は消費者の生活にとってなくては困るものともなっている。

これらにはいくつかの要因があるが、消費者にとっては商品選択の基準が販売価格(市場価格)の違いしかないことから市場原理の常としてメーカー側は「より安い商品」を投入するしかなくなり、結果的にそれら製品カテゴリに属する製品の価格が下がる傾向があり、反面企業にしてみれば価格競争で安く商品を提供せざるを得ず、結果的に儲け幅(利益すなわち商品として扱ううまみ)が減ることもあり、企業収益を圧迫する傾向がある。この淘汰圧力はメー

カー側にとっては収益を上げにくくなる一方で、新規参入のハードルが下がり競争が激化するなど負の側面が目立つが、消費者側では均質化と低価格化をもたらし、必要なものが一定の品質で安く豊富に市場に流通するため入手しやすくなるメリットもある。

こういったコモディティ化回避の経営戦略としては、付加価値の付与による多機能化など差別化戦略がある訳だが、過剰に機能を追加しても過剰性能で消費者にアピールできない場合もあり、ブランドイメージ戦略も各々のメーカーが同程度の力を注いでいる場合は並列化するまでの時間稼ぎにしかならず、差別化戦略にも限界が存在する。　ウィキペディア

（44）デジタル・デストラプション（digital disruption）／情報・通信技術の進歩により引き起こされる産業価値の変化、すなわち産業構造の変化のことである（この定義によると、電気自動車へのシフトは主にバッテリー技術の向上により可能となったためデジタル・ディスラプションではない。一方、デジタル・ネットワークの進歩により実現可能となった自動走行車はデジタル・ディスラプションである）。

https://www.strategyand.pwc.com/jp/ja/publications/periodical/strategyand-foresight-17/sf17-04.pdf

（45）独善的／1　他人に関与せず、自分の身だけを正しく修めること。2　自分だけが正しい

と考えること。ひとりよがり。「独善に陥る」「独善的」。
デジタル大辞泉

(46) キュレーション（curation）／インターネット上に無数に散らばる情報を、収集・分類・再構築し、そこに価値をもたせてネット上で共有すること。それを行う人はキュレーターと呼ばれる。本来は美術館や博物館における、展示物の収集・分類・整理、およびわかりやすい提示などの業務全般をさし、それが転じてＩＴ用語として使われるようになった。検索エンジンと異なるのは、人間の目を通して情報の取捨選択を行うため、むだが少ないことである。また、まったく別の分野の情報が、相互に結びつくことで新しい価値が生まれるなど、ネット情報を体系的にとらえることが可能になる。ツイッターやフェイスブックなどのソーシャル・ネットワーキング・サービス（ＳＮＳ）で多くのフォロワーを集め、有益な情報をタイミングよくリンクすることも、キュレーションといえる。美術館や博物館の場合と異なり、ネットにおけるキュレーターに資格は必要ないが、ものごとを幅広くみて、確証のない情報を排除して、信頼できるリンク先を的確に提示するセンスが求められる。
小学館　日本大百科全書（ニッポニカ）

(47) ジャンピエロ・トリシ／Gianpiero Torrisi　イタリア・カターニア大学経済学部准教授。

(48) 食品ロス／売れ残りや食べ残し、期限切れ食品など、本来は食べることができたはずの食品が廃棄されること。食品の廃棄や損失の原因は多様で、生産、加工、小売、消費の各段階で発生する。

ウィキペディア

(49) 食品廃棄物／不可食部を含む食品廃棄。

(50) パラダイムシフト (paradigm shift)／その時代や分野において当然のことと考えられていた認識や思想、社会全体の価値観などが革命的にもしくは劇的に変化することをいう。パラダイムチェンジともいう。

ウィキペディア

(51) Z世代／アメリカ合衆国などにおいて概ね1990年代中盤(または2000年代序盤)以降に生まれた世代のこと。カナダ統計局の場合には1993年生まれ以降を、アメリカ心理学会の場合には1997年生まれ以降を指すなど、定義は厳密に決められているわけではない(何年生まれまでを指すかについても、2010年頃とされる場合や2010年代序盤から中盤とされる場合もあり流動的である)。主に2010年代から2020年代に掛けて社会に進出する世代となる。

生まれた時点でインターネットが利用可能であったという意味で、真のデジタルネイティブ世代としては最初の世代となる。デジタル機器やインターネットが生まれた時から当たり前のように存在し、Ｗｅｂを日常風景の一部として感じ取り、利用している世代である。また、パソコンよりもスマートフォン（スマホ）を日常的に使いこなし、生活の一部となっている「スマホ世代（iGen）」でもある。成長期にWeb2・0を当たり前のように享受し、情報発信力に長けているため、当該世代からは数多くのインフルエンサーが登場している。

この他、ジェネレーションZと同時期（1990年代〜2000年代）に生まれた若者は、ジェネレーションC（英：Generation C）、C世代、あるいはニュー・サイレント・ジェネレーション（英：New Silent Generation）と呼ばれることもある。

ウィキペディア

（52）Gゼロ／欧米の影響力の低下と発展途上国政府の国内重視によって生じた国際政治における権力の空白のことである。経済的にも政治的にも、真に世界的な目標を推進する能力と意志を持つ単一の国や国のグループが存在しない世界を説明する際に用いられる。

Gゼロという言葉は、政治学者のイアン・ブレマーとデビッド・F・ゴードン（英語版）によってつくられた造語である。Gゼロは、イアン・ブレマーの著書『Every Nation for Itself: Winners and Losers in a G-Zero World』のメインテーマとなった。

これは、先進国が優位性を享受していたG7から、中国・インド・ブラジル・トルコなどの主要新興国を含むG20へのシフトを認識していることへの言及である。また、G2（米中政府間の戦略的パートナーシップの可能性を示すためによく使われる）や、G3（中国主導の国家資本主義の台頭から市場経済民主主義を守るために、日米欧の利害を一致させようとする試みを指す）といった用語を拒否することでもある。

Gゼロが現在の国際秩序になったと主張する人々は、G7が時代遅れになったこと、G20では経済における政府の適切な役割について競合するビジョンが多すぎて、うまく調整された政策を生み出すことができないこと、中国はG2によってもたらされる責任に関心がないこと、アメリカ・ヨーロッパ・日本は国内問題にとらわれすぎて、経済・安全保障政策に対して共通の道筋を構築することができないことを警告している。

ウィキペディア

（53）デリバティブ取引／デリバティブとは、基礎となる金融商品（原資産）の変数値（市場価値あるいは指標）によって、相対的にその価値が定められるような金融商品をいう。本来のデリバティブ取引は、債券や証券（株式や船荷証券、不動産担保証券など）、実物商品や諸権利などの取扱いを行う当業者が、実物の将来にわたる価格変動を回避（ヘッジ）するために行う契約の一種である。原資産の一定割合を証拠金として供託することで、一定幅の価格変動リスクを、他の当業者や当業者以外の市場参加者に譲渡する保険（リスクヘッジ）契約の一種である。市場で取引される債券・商品には「標準品」「指数」がある。

ウィキペディア

（54）ロビイスト（lobbyist）／圧力団体の利益を政治に反映させるために、政党・議員・官僚などに働きかけることを専門とする人々。米国議会のロビーなどで議員と話し合うという慣行からできた語。

デジタル大辞泉

(55) トローリング (trolling) ／荒らし行為をすること。trollはもともと「流し釣りをする」という意味を持つ英単語。そこから「人の感情（怒り）を釣り上げる」と発展し、荒らしを表すスラングになった。

楽英字（https://rakueigaku.com/troll/）

(56) キャンセル・カルチャー (cancel culture) ／著名人をはじめとした特定の対象の発言や行動を糾弾し、不買運動を起こしたり放送中の番組を中止させたりことで、その対象を排除しようとする動きのこと。ソーシャルメディアの普及に伴い、アメリカなどを中心に2010年代中頃から見られるようになった。他者の過ちを徹底的に糾弾する「コールアウトカルチャー」の一種。「You are cancelled（あなたは用無し）」と言って相手を切り捨てる、いわばボイコットのような現象だ。

キャンセルカルチャーの例として、奴隷制や人種差別に関わりのある歴史的人物の銅像を破壊したり、「Defund the Police（警察に資金を出すな）」という主張に否定的な意見を述べる人のキャリアを終わらせようと圧力をかけたりする、過激化したBLM運動が挙げられる。トランプ大統領も、彫像を撤去する行為などをキャンセルカルチャーだと非難した。

キャンセルカルチャーは、#MeToo運動や#OscarsSoWhite（アカデミー賞で白人ばかりが優遇される）という批判など、インターネットを中心に重要な対話を生み出してきた側面がある。また、社会に大きな影響を与える人物の言動が倫理的かどうか、過去の言動との整合性がとれているかどうか確認するのは大切なことだ。エンタテインメント業界などが、ダイバーシティやポリティカル・コレクトネスを意識して価値観をアップデートしていくのは、ポジティブな流れと言える。

一方、キャンセルカルチャーの問題点として、その攻撃性と不寛容さがエスカレートするあまり異なる意見の人を沈黙させ、率直で自由な議論ができなくなることが挙げられる。糾弾する側の人が一方的な正義感や価値観を振りかざしていることに無自覚だったり、そもそも正確な情報や背景を知らなかったりする場合もある。激しく糾弾する人たちの主張が、必ずしも大多数の国民の声を代弁しているわけではない点も注意が必要だ。

https://ideasforgood.jp/glossary/cancel-culture/

参考文献

『知識創造の方法論』野中郁次郎・紺野登（2003）東洋経済新報社
『逆説の日本史1　古代黎明編』井沢元彦（1998）小学館
『「日本」の終わり』竹内靖雄（1998）日本経済新聞社
『これから何が起こるのか―我々の働き方を変える「75の変化」』田坂広志（2006）ＰＨＰ研究所
『公会計改革』公会計改革研究会編（2008）日本経済新聞出版社
『図解　ＣＡＬＳ入門』八木勤（1995）中経出版
『ＣＳＲ会計を導入する』（ＣＳＲ入門講座第４巻）倍和博（2005）日本規格協会
『やさしくわかるＡＢＣ／ＡＢＭ』林總（2002）日本実業出版社
『デザイン・ドリブン・イノベーション』ベルガンディ、ロベルト（2012）佐藤典司・岩谷昌樹・八重樫文監訳、立命館大学経営学部ＤＭＬ訳、同友館
『コ・イノベーション経営』Ｃ・Ｋ・プラハラード、ラマスワミ・ベンカト（2013）有賀裕子訳、東洋経済新報社
『ナレッジ・イネーブリング』ゲオルク・フォン　クロー、一條和生、野中郁次郎（2001）東洋経済新報社

『断絶の時代　いま起こっていることの本質』P・F・ドラッカー（1999）上田惇生訳、ダイヤモンド社
『知識構築企業』トマス・A・スチュワート（2004）大川修二訳、ランダムハウス講談社
『価格戦略論』ヘルマン・サイモン、ロバート・J・ドーラン（2002）吉川尚宏監訳、エコノミクス・コンサルティング研究会訳、ダイヤモンド社
『競争の戦略』M・E・ポーター（1982）土岐坤他訳、ダイヤモンド社
『リーダーを目指す人の心得』コリン・パウエル、トニー・コルツ（2012）井口耕二訳、飛鳥新社
『グローバル資本主義の危機』ジョージ・ソロス（1999）大原進訳、日本経済新聞社
『MBAエッセンシャルズ』内田学編（2001）東洋経済新報社
『MOT　知識創造経営とイノベーション』野中郁次郎・遠山亮子編（2006）丸善
『原価計算論』皆川芳輝（2002）創成社
『BABOKの基本と業務』後藤章一、辻大輔、堀江弘志、松尾潤子（2011）翔泳社
『参加の「場」をデザインする―まちづくりの合意形成・壁への挑戦』石塚雅明（2004）学芸出版社
『環境と都市のデザイン―表層を超える試み・参加と景観の交点から』齋藤潮・土肥真人（2004）学芸出版社
『高齢者と都市のモビリティ』まちづくりと交通プランニング研究会編（2004）学芸出版社

謝辞

私は人生のキャリアの中で、多くの幸運に恵まれた。生まれ出た時代から曾祖母や祖母に愛情豊かに育てられ、男の生きる道を仕込まれた。小学校入学の前の時代は近所のガキ大将と、毎日、遊び跳ね回り、遊ぶ範囲を毎日、広げて行き、江戸、明治時代の庄屋の範囲を遊び回り、子どもとしての正義やガキたち皆のために尽くす術（すべ）を遊びの範囲の中で伝授された。

小学校時代ＰＴＡの会にはいつも三人の母、祖母、曾祖母が参加する子どもであった。また、小学校の先生の方々に深く感謝する。中学の先生、友達たち、今では考えられないくらい恵まれていた。高校時代では私が思ってもいなかった、家族の歴史や文化を先生や友達の母たちから知らされた。

高校卒業時、自分の行く末は自分で決めると父母の反対を押し切り、東京へアートの旅へ出かけた。4年間の芸術の放浪の旅は、私を形成したと思われる。

二十二歳の時に、西部毎日新聞広告社の入社試験面談で、試験官が私を気に入り入社したが、入社したら、企業としての歴史や新聞規範を、毎日毎日刷り込まれた。諸先輩たちに今でも頭が上がらない。

三十歳の時に自分勝手を言い、独立し、ラウンドスペースを創業した。

皆さんに大変ご迷惑をお掛けして、妹にも感謝する。後はラウンドスペースの組織集団の変革の歴史である。住宅不動産、アメリカン農業、ゴルフ場でも山林開発等を手掛けてきたが、各関係者の方々に多くのことを教え導かれたことを思い出す。深く感謝する。

本書は起業後半において、ラウンドスペースが行ってきた（モノゴト）を社会の皆さんに伝えるべきだと、顧客企業や関係者の方々に勧められて、まとめ上げようと、試行錯誤を繰り返し行ってきた賜である。

基本はアートである。デザインであり、論理を展開するにしてもアート的要素を取り入れてきたものである。すべてを崩壊して、すべてを再構成しようとしている。つまり芸術である。アート的要素がなければ、これからの社会は把握できない社会ではないだろうか。

近代の経済社会活動に生産性が成り立ち、精神性や挑戦的で冒険を多くの人々に与える源となった。近代の価値観を源泉としているが、これからの経済社会では分配と成長をコントロールしなければならない社会になったのである。技術革新が連なり、要求される社会的要素が格段に増え、冷静であれば、必要なすべての要素をコントロールすることが可能になった。

そして、これから社会の価値は無形価値を生産する新しい社会へと参入したのである。無形価値を理解する人々を多くすることが願いである。

無形価値を表し、説明できればと試み二十年。民主主義、資本主義社会のための研究まででも進むことになってしまった。

もろもろの関係者に恵まれ、導かれ、出版までたどり着いた。出版にあたり、校正や資料集め等、大変な苦労を娘たち、佳奈、沙耶にかけた。出版社の方々、諸々の関係者の皆々様に深く感謝申し上げる。

〈著者紹介〉
城島博（じょうじま・ひろし）

１９６７年、福岡市の西南学院高等学校卒業、東京の美術学校で油絵、デッサン等芸術アートを学習する。１９７１年、西部毎日広告社、福岡支店入社。
１９７９年、ラウンドスペース株式会社を福岡市にて創業。２００７年、九州大学キャリア支援センターマネジメント教育プログラム（MBA）修了。２０１０年、九州大学、福岡銀行連携講義「研究、技術経営論」（MBA）修了。

21世紀《せいき》の競争《きょうそう》に勝《か》つ力《ちから》
無形価値《むけいかち》を身《み》につけるには

印　刷　2021年5月20日
発　行　2021年6月5日

著　者　城島博《じょうじまひろし》

発行人　小島明日奈
発行所　毎日新聞出版
〒102-0074
東京都千代田区九段南1-6-17 千代田会館5階
営業本部：03（6265）6941
図書第二編集部：03（6265）6746

印刷・製本　光邦

ISBN978-4-620-32680-1